イライラしたら豆を買いなさい

人生のトリセツ88のことば

林家木久扇

文春新書

1261

まえがき

よく「木久扇さんの頭の中ってどうなっているんだろう」って言われますけど、自分で考えてみると、スクラップブックみたいに、さまざまな経験や想い出、あるいは日々発見したことの「切り抜き」が僕という体のなかに入っています。

それを色々な組合せでおしゃべりしているのが僕にとっての「芸」なんです。

これまで時流に合わせて多くの本を書いてきました。

自伝だったり、好きな時代劇や映画のこと、事業になったラーメンのことや、アメリカ・スペイン・中国などの見聞録とかね。だけど、林家木久扇のなかには、まだまだ人に見せていない「人生の切り抜き」があります。

今年、僕は高座生活60周年の節目を迎えました。そういう大切な年に、自分の仕事・人生を形づくってきたスタイルをひとつにまとめたら、それこそ濃くて面白い本ができるんじゃないか。

そう思いついて、この本をまとめました。

内容は、ひと言でいえば、木久扇流〝人生のトリセツ〟ということになるのかな。人生航海術といってもいい。

僕は偉い人間でもないから、名言とか格言なんてのは似合わない。でも、世の中に対する触覚、感応力は鋭いですから、生きていくうえの作戦や戦術はずいぶん工夫してやってきました。立派な武将の兵法みたいなものではなくて、ピンチになるとその場をするするっと抜けていく野生の勘のような技なんです。

そんな木久扇流の身の処し方は、先行きの見えない今の時代を生き残るためのヒントになるかもしれません。


人生あっという間で、いつの間にか僕も傘寿《さんじゅ》を越えました。ただいま82歳。別に長寿だとは思わないし、なんとかして長生きしようと努めてきたわけではないけれど、いまも元気に高座に上がっているのは、自分でもけっこうすごいことかなって思います。

たくさんの落語の名人たちに接してきましたが、大先輩のみなさんが活躍なさったのは70代までなんですね。80代になっても第一線で活躍してらしたのは、うちの林家正蔵師匠（八代目）くらいなものでした。

僕は爆笑落語でいろんな変化球を投げつづけてきたから、どこでもお客さんにウケて、この歳まで楽しくやってこられたと思っています。

先輩の立川談志師匠は、晩年に『遺言大全集』などという本をお出しになっていますけど、僕は遺言という言葉が好きじゃないし、「あれ、そういえば近頃、木久ちゃん見ないな？」なんていう感じでいなくなってしまいたい。

この本は、僕が生きてきた足跡、こういう生き方も面白いよっていう人生の読み物です。世の中が落ちつかなくてイライラしがちなご時世、僕なりの生きる術が、読者の方々のお役に立てばとても嬉しいです。

目次

第2章 「まずは動け」の仕事術

第3章　家族・子育てについて　93

第4章　お金のトリセツ　135

第5章　人間について——忘れがたき人 171

第6章　笑う大往生 209

構成　和田尚久

第1章　生きるということ

1937年、東京・日本橋久松町生まれ。本名は豊田洋《とよたひろし》。実家は雑貨問屋を営んでいたが、東京大空襲で家が焼失。両親の離婚後、小学生のときからアルバイトをして家計を支える。56年に高校を卒業、森永乳業に就職するが、数カ月で退職。漫画家・清水崑の書生となり4年間を過ごした後、落語家に転身。成り行きまかせを成功に導いてきた処世術とは。

「良い気」のそばにいきなさい

僕はいつもお弟子さんにね、「売れてる人のそばにいきなさい」って言ってるんです。売れてる人にはそこに集まっている「良い気」がある。とくに芸事の世界では、同じセリフを発してウケるも静まり返るも「気」ひとつ。

芸の世界に限らず、とにかく普段から良い気をもらうって、すごく大事なことだと思うんです。自分よりスケールの大きい人に会って生きざまを見聞きするとか、圧倒的な元気を放っている人を目の当たりにするとか——強い気にふれるとね、いつも自分はひどい目に遭ってる、自分は運が悪いな、みたいな〝縮んだ気持ち〟が祓《はら》われるんです。

それこそワンチームで闘うラグビーを観るもいい、熾烈《しれつ》な戦いをやってる相撲とかボクシングを観るもいい。そういう人たちを見つめていると、己のなかから湧いてくるものが違うんですよね。あ、自分はこのままじゃいけないなとか。ボクシングで叩かれて叩かれて隅っこに追い詰められて、それでもなお拳をくり出して相手を殴ろうとするような、そんな姿を見てこそ気づくものもある。

ひとりで考え込まずに、元気なもの、活躍してるものを見つけて、すぐそばに行ったらいい。

「昭和の爆笑王」と呼ばれた先代の林家三平師匠はとくに「良い気」の強い人でした。僕ががんの手術をしたときに病院に訪ねてきて下さったんです。僕は胃を切ったあとで弱りきってて、まわりも手術が終わった人ばかりの6人部屋だったんだけど、入ってくるなり病室がバーっと明るくなりましてね。師匠はその場のみんなを笑わせようとするの。良い気をいっぱい放ってる人って、同じ照明なのにそこだけ明るくなってるように見えるんですね。別に宗教じゃないんだけど、ご本尊のような華やかなオーラ（笑）。

人生には思いがけない苦難が降りかかってくることがあるけれど、「そうか、来たか」とそこからどう出発するか。日頃から「良い気」にふれていると、内側からの力も湧いてくるんですよね。

「自分らしさ」に悩んでも意味がない

若いときは、私らしく生きたいって、「自分らしさ」に迷う時期もあると思います。でもね、僕は「自分らしさ」なんて考えても意味がないって思ってる。

芸人や女優なんかでしたら、大層悩みますよ。「私はどう見られているのか、上手いのか下手なのか、自分らしい芸ってなんだ」とかね。それがお金に直結するんだから。でも、自分のイメージで商売をする人ならいざ知らず、普通の人にとって、自分がどう見られているかとか理想の自己像なんて、究極的には生きることと関係がない。

ありのままに、無理せず、かっこつけずに素直に生きればいいと思うんです。そこに自然とにじみ出たものが「あなたらしさ」なんじゃないでしょうか。

生まれてきてシメたな

いまは、自分にちょっと自信のない若者が多いのかもしれませんね。自己肯定感が低いといいますか。

コンプレックスが強い人は、自分で自分を平均以下の人間だと思ってるから、そういうマイナーな考えにとらわれるんですね。単純に、生きていられる貴重さを実感してないように思うんです。

自分のなかの大きな「鉱脈」を見つけて、それをひたむきに掘り起こす努力をしてないんじゃないかな。人間ね、漫然とついでに生きてる感じだと、劣等感がどんどん湧いてきちゃうんですよ。

僕の趣味はね、まだ何者でもない若者を育てて、つまりお弟子さんを売りものになるまでにして世の中に出してあげること。「人間をいじる」って言ったら口幅ったいんですが、僕を頼って来てくれて、落語界でなんとかなろうとしてる人の方向を見つけて、後押ししてあげるのが面白いんですよ。

もちろん全員が全員売れっ子にできるわけじゃないけど、取っ掛かりはつくってあげられます。僕が一緒に連れてって高座にあげたり、いろんな企業にも顔が利くから、使ってやって下さいと頼んだりして。

若者たちを見ていて感じるのは、誰にでも得意なこと、苦手なことはあるし、生まれが貧しいとか、自分の思うようにならない部分を抱えているもの。そんななかで「生まれてきただけで運がいい」というのを忘れてしまうと、結局は自分で自分を狭い場所に追い詰めてしまうんですよね。

生まれてきてシメたなって、運の良さを嚙みしめましょうよ。

いま生きているだけで、すでに大きく得してるんですよ。そういう命の原点に立ち返ると、劣等感なんて消えていくと思います。

人生を時間割にするといい

自分のなかの鉱脈を見つけるにはね、一度、人生を簡単に時間割にするといい。自分が何に重きをおいているのか、優先順位がはっきり見えてくるんですね。

僕の場合、1時間目は落語、2時間目はラーメン、3時間目はチャンバラ映画、4時間目は俳句、5時間目は弟子作り。それぞれが自分のなかで大きな重きをなしているんですが、一番面白いなと思ったことに自然と時間を割いて、とことんのめり込んでいます。

自分の好きなもの、得意なもの、実現したいこと、それぞれに見出しをつけて書き出してみるといい。走るのが速い、記憶力がいい、歌がうまい、英語が得意とか、どんどん羅列していくと自分像が浮きあがってきます。

書くと客観的に考えるきっかけになるんですね。ただ頭の中で考えてるよりもペンで文字にしたほうが、自分を見つめ直すのにいいんですよ。

人生は大きなサイクルで捉える

人生に運、不運はありますが、同じ出来事でも「何を幸運にするか」は自分次第のところがあるんですよね。

僕は無宗教で占いのたぐいはあまり信用しないんですけど、年に一度、高尾学館というところに行って、1年間の「自分の運の定期検診」をしてもらっています。算命学の星の動きから、1月から12月まで家族ひとりずつ今年は何が来るか予告してもらうんですよ。もともとは戦争の勝機の摑み方を、自然と天運によって割り出す術で、それを人間に当てはめたものが算命学なんだそうです。

けっこうよく当たるので、毎年必ず年始に相談しに行って診てもらってます。

人間ね、この先は行き止まりだとか、右に曲がったほうが風通しがいいとかあらかじめ知っていると、事件が目の前に起きたときも驚かない。だから僕はそういう「時の運の健康診断」をひとつの指標にしているんです。

具体的には、「ご長女は耳のところに小さい金庫が6つぶら下がってますから、今年は細かいお金がずっと入ってきますよ」とか言われると、「そうか！」ってね（笑）。

この月は病気に気をつけようとか、人間関係を慎重にしようとか、あらかじめ心の備えができていると、厄を避けられるんですね。漫然とその日その日を生きるのではなく、1年のサイクルのなかでこう生きようと意識できる。

あと、生涯カレンダーをつくってみるのもいいかもしれませんね。いまは人生100年時代といわれてます。僕はもう82まで来ちゃったけど、あとの18年の予定を記入するんですよね。自分の残りの生涯を俯瞰《ふかん》して、ある程度スケジュール化してみる。そうするとちょっと生き方が変わるんです。

思い浮かんだことを書き込めばいい。3年後の秋に大きな旅行をするとか、この年までに新しいことに挑戦するとか。そういう予定を立てるとけっこうその通りになっていくんですよ。

自分のなかにある「勘と予知」を文字化すると、生きざまがそれに沿ってくる。だから僕は実現したいことは必ずメモしてるんです。なんでも書くんですよ。

僕はいまひとつ、心に決めていることがあって、それは自分の背丈だけ本を出して死ぬということ。思いついたときに、自分でも面白いなと思ってね。もう70冊ぐらい本を出したんですが、背丈に届くにはまだまだですね。そういう決意をノートの裏に書き込みました。

こういうのは口で言ってるだけじゃダメ。書くと人生がその方向に向かってまとまっていくんですよ、不思議なことに。

現実に進んだ道を「正解」にしちゃえばいい

これまであまり人に明かしたことがない話をひとつ。僕は絵が好きだったので、本当は水道橋にある都立工芸高校のデザイン科に進学したかったんです。

だけど中学校でアチーブメントテスト（到達度測定テスト）っていうのがあって、どうも成績的に無理だって言われて……、で、先生に勧められたのが都立工業高校の食品科。もともとの志望とは違うんだけど、「食品」っていう言葉に目を引かれましてね。小さい頃は戦時中で飢えがありましたから、人間は食品のそばにいたら助かるなっていう刷り込みもあって、工業高校に行くことにしたんです。

入ってみたら、難しい応用微生物学とか学ばなくちゃいけなくて、もう嫌になっちゃったけど、実習はたいそう面白かった。発酵学ではお酒つくったり、乳酸菌を使ってチーズなどの美味しい発酵食をつくったりして。余談だけど、よくいう「醍醐味《だいごみ》」っていうのは、昔のヨーグルトのことなんですよね。

学校のなかにはひと教室分の工場があって、ソーセージをつくったりカステラを焼いたりもしました。フルーツの缶詰を文化祭で売ったりして、その一環でボイラーの石炭のくべ方も習得しましたね。

あとになって振り返れば、食品にたいする基礎知識を身につけられたからこそ、その後さまざまなつながりのなかで「木久蔵ラーメン」も生まれたわけです。もしも工芸高校のアートのほうに行っていたら、食えていたかどうか。

食べものは生きるうえで必須のものだから、どんな時代にだって、美味しいものや流行に沿ったものをつくれば必ず売れる。だから食をきちんと学んだこの選択は正解だったと思っています。

自分が選べなかった道を「やっぱりあっちに行きたかったな」とか思ってみてもしょうがない。人は、現実に進んだ道を「正解」にしちゃえばいいんですよ。

高校1年生の頃

瞬間的にいいなと思ったほうを声に出す

人生にはいくつかの分かれ道があって、右に行くべきか、左に行くべきか、迷うことがあります。僕はどっちを選ぶか戸惑ったら「直感ではじめに言っちゃったほうがいい」と思っています。

僕は学校を出たあと、最初森永乳業に勤めてたんだけど、漫画家になりたくて悩んでいました。入門したいと考えていた清水崑先生は『かっぱ天国』などで有名な大先生でしたが、だからといって僕がペン一本で仕事をして、業界でうまく付き合っていけるかまったくわからない。

冷静に考えたらリスクだらけ。

でも、自分が生きることに忠実にやっていこうとしたら、リスクがあっても乗り越えなきゃいけないものでしょ。勤め人で一生終わるか、あるいは漫画家で花咲くか失敗するか――。

そう考えたときに「漫画家になるんだ！」ってはっきり声に出して言ってみた。するとすっと腹が据わって、新しい世界へ飛び込む決意ができました。

まごまごして迷ったときは、言葉ではっきり口にするといい。

赤なら「赤です」って。内心は「黄色のほうがいいのかな、いや青が正解かな……」と迷っても、瞬間的にいいなと思ったほうを「声に出す」。

いろんなことを考えず、直感で即決するってけっこう大事なんですよ。

その言葉が出たときに「しまった！」と思っても、自分の体の「直感」が言葉になったわけで、案外それが一番正解だったりするもんなんです。

日頃の仕込みが直感力を生む

人生の折々の場面で、直感力があるかどうかで、自分の行く末は大きく変わりますね。職業の選択とか、結婚の決断とか、ここぞというときの判断には、やっぱり動物的な嗅覚が必要だと思うんです。

僕の人生で一番大きな分かれ道は、やっぱり先代の八代目林家正蔵（彦六）師匠のところへ入ったこと。先代の正蔵師匠は怪談噺や芝居噺を得意にしていて、僕の落語とはあまりに芸風が違うけど、よい選択をしたといまでも心から思っています。

僕が最初に入門した三代目桂三木助師匠は、わずか半年ほどで亡くなってしまったんですね。三木助師匠のとこには、僕を含めて4人の弟子がいた。葬儀が終わってしばらくすると、柳家小さん師匠と桂文楽師匠が訪ねて来て、弟子を4人並べて「おまえさんたち、どこに行きたいんだい？」と言うんです。まだ真打になっていないお弟子さんは、師匠がいなくなると、どこかの一門に入らなくてはならないですから。

兄弟子たちは楽屋で働いているので情報を持っていて、みな口々に「小さん師匠」と言う。あっという間に3人の行き先は決まりましたが、僕は師匠の家の子守りばかりやってたから、楽屋に行ってなくて情報がなかったんですよ。

みんな黙ってるけど、小さん師匠と文楽師匠がいらしてるんだから、バランス上ひとりは「文楽師匠」と言わないといけない。

そのときパッと思い出したのが、正蔵師匠のこと。三木助師匠のお見舞いにいらしたとき、ポチ袋にピン札の3万円を入れて太い字で「お見舞い」と書いておかみさんに渡していた。おかみさんが「うちのお父ちゃんは有名なんだけど寝ちゃうと一銭も入ってこないのよ。いまはこれが一番嬉しいのよ」って喜んでいたのを思い出した。それでとっさに、「正蔵師匠」って言ったんですよ。

そしたらみんなシーンとなっちゃって。

何だろうこの静寂はと思ったら、文楽師匠が甲高《かんだか》い声で、「わかりました、じゃあ私からヨッちゃん（林家正蔵。本名・岡本義）にそう言っておくから」と言って帰られた。あとで三木助師匠のおかみさんが、僕のことひろしさんって呼ぶんだけど、「ひろしさん、なんであんなこと言っちゃうのよ、正蔵師匠なんて文楽師匠と一番仲が悪い師匠なのよ。あんたてっきり文楽師匠って言うのかと思ったら、なんで！」って。

落語界の派閥とか流れからいうと、あり得ない選択肢だったんですね。けれど、文楽師匠やおかみさんが「当人がそう言うのなら」と正蔵師匠のところに弟子入りさせてくれた。

僕の選択はまったく「空気を読まない」ものだったんだけど、正蔵師匠のところに行ってからは、面白いことがたくさんあって、いまだに師匠のエピソードを噺のタネにして、『彦六伝』で稼がせていただいている。人生で大当たりだったなと思っています。正蔵師匠はトンガリという仇名があったほど、直言居士《こじ》というか、我が道を行く人柄で本当に魅力的でした。

これを言うと驚かれるんだけど、入門したとき、僕はまだ正蔵師匠の落語をひとつも聴いていなかったんですよ。師匠が怪談噺をやっているということすら知らなかった。

だけど三木助師匠の葬儀のときね、お弟子さん（のちの橘家文蔵）の袴がちょっと崩れてたのを、正蔵師匠がスタスタッと歩いて来て、「ちゃんとしなくちゃダメじゃねえか」ってさっと直してあげてたのを僕は見ていた。ああ、あんな風に弟子に気配りをする師匠なんだ、いいなと思ってね。

そのことも覚えていて、直感的に言葉が口をついて出たんです。

直感を磨くには、昆虫がつねに触角を動かしているように、いつもあたりを気にして、感覚を張り巡らしてることが大事だと思うんですよ。アンテナを張って生きていると、何気ないんだけど本質的な情報を掴めるものなんです。

だから、直感力といっても日頃からの仕込みが大事で、ただの当てずっぽうじゃない。一言でいうと、「気をつけて生きる」こと、なんですね。

動物的な触覚を鈍らさない

日本はね、大人が全体に〝子ども化〟してるんですよ。ホームで電車待ってると、「電車が参ります、白線の内側におさがり下さい」って、ずっとアナウンスしてるでしょ。電車が入ってきたら危ないから下がるのは当たり前で、そんなことをいちいち言われてると幼稚化しちゃう。「エスカレーターにお乗りの際は、ベルトにおつかまり下さい」「駆け込み乗車はおやめ下さい」……。

こんな過保護な放送を大量にあびていると、自分で自分の身は守るっていう防御力がなくなっちゃうんですよ。あるいはすでに子ども化してるから、そうやって注意してもらわないと怪我でもしてしまうんでしょうか。

ぼーっと無防備でいても、誰かが注意をうながしてくれるんじゃないか、安全な環境を整えてくれるんじゃないか、みたいな「待ち」の姿勢って、動物でいったら赤ちゃんで、僕は一番危ないと思う。生き物としての危機感がないんですね。

僕は戦中を経験した世代だから、どんな状況にいても、最悪なことをパッと頭に思い浮かべます。それはマイナス思考ではなくて、危機管理として想像するということ。それが動物的な触覚なんですね。

そういう嗅覚がない人は、本当にピンチになったとき、固まってしまうんです。本当にそのときが来たら、誰も何も助けちゃくれません。

〝抜け駆け〟が勝ち

僕は生き延びるうえで大事なのは、人と同じことをしないこと、それからズルく生きることだと思っています。

何か危ないことがあったとき、いちいちみんなに「どうしたらいいと思う?」「危なそうだから逃げましょうよ」とか言ってないで、「あ、ヤバそうだから逃げよう」って、個としてさっと動く。みんなが動くまで待たないで、自分だけ、あるいは家族を連れてさっさと動けばいい。

そんなのは動物として当たり前のこと。自分だけ先に何かしたら悪いんじゃないかと、へんに周りの顔をうかがっていると、命を落とすんです。

〝抜け駆け〟ってけっこう大事なこと。

それをいまは教育やなんかで平均化してみんな同じにしちゃうから、日本人は生きるのが下手くそになっている。

災害に限らず、仕事でも日常の人間関係でも、何かヘンだなと察知したら、さっさと身仕舞いしちゃったほうが人生に勝てる。

あいつは逃げ足が早い、ずる賢い、なんて陰口たたかれるかもしれないけど、気にしなくていいんですよ。〝抜け駆け〟が勝ち、ですから。

肉声が一番伝わる

東北の大震災を特集したある番組で、逃げる時間はある程度あったのに、逃げ出すのが遅れて津波の被害にあった方々のことを取り上げていました。そのときにふと、危険を知らせる現場での伝達はどうなっていたのか、考えてしまったんですね。

災害への備えで一番大切なのは、水と情報です。水はペットボトルを用意しておくとか風呂の水を残しておくとかするわけですが、問題は後者。

いまは、メディアが発達して、テレビやネットで前もって警報が出ていたとかいいますけど、実際生活している人は気づかなかった人、多いんじゃないでしょうか。とくにお年寄りや子どもは。

戦時中は町内に警防団っていうのがありましてね、敵機が来たぞとなると、そこの大人たちが「空襲警報発令!」と大声で叫んで、警防団員が町内を駆け抜けていった。それを町の人が聞いて、急いで身支度をして避難していたんです。それからだいぶ遅れてサイレンが鳴るんですけど、結局は、緑色の上下で戦闘帽被った警防団の大人が怒鳴ってくれた声が、一番伝わったんですね。

とても原始的なんだけど、人の声は一番わかりやすくて、危機感も伝わる。声が大勢の命を救っていたんです。

僕は「肉声の力」っていうのを信じていて、本当に急ぐこと、重要なことは大きな声で伝えるのが一番だと思っています。

「今日も得したな」って機嫌よく生きる

僕の人生は、７歳の頃の東京大空襲がひとつの節目で、ピリオドが打たれているんです。燃え盛る焼夷弾に囲まれて命を失うかもしれないほどの経験だったから、「第一幕おわり」みたいな感覚がある。

だからその後の人生で、「がん」になったり「腸閉塞」になったりして、５回ぐらい本当に死にそうになっても、わりあいのほほんとやり過ごせた。別にやせ我慢じゃなくてね、大空襲で死んでたっておかしくないのに、ここまで生きて来られただけ「得したな」って心底思っているから。

大病を患っても、まるで映画の場面でも観ているように静観することができました。がん＝死とも捉えずに、自分を俯瞰して、「ああ、そうか」と事実だけを受け入れて。

ありがたいことに、うちのかみさんはお医者さんを見つけるのがうまくて、いつも最適なお医者さんに連れて行ってくれました。その通りにすると治ったから、ずいぶん救われてきましたね。

僕の場合は戦時体験だったけど、そもそもが「ゼロ」からスタートした人は失うものがないから、あとはすべて「得したな」って思える。

そりゃ、人間の暮らしですから、毎日が感情的にいいことばかりじゃありません。でもできるだけ気持ちよく過ごすよう心がけています。

先日、僕はブックオフに行ったんですよ。『アラモの砦』みたいな古い映画のDVDがたった248円でびっくりしたんですね。本だって1000円、1500円するのに、DVDがその値段ですよ。これはもうすごく安い大ご馳走！ 嬉しくなっちゃって夢中で選んでいたら、真打が5人家に挨拶に来るのをすっかり忘れてしまって、待たせちゃったんだけどね。

日々そういう発見をしていくと、すごく得した気分でホクホク過ごせるんですね。戦後の人生はすべていただきものだって思ってるから、ちょっとしたことで「今日も得したな」って、機嫌よく生きられるんです。

お参りではあれもこれもと頼まない

神社にお参りにいってね、たかだか１００円玉を1、２枚投げたくらいであれもこれもと欲張って願い事をしている人がいるけど、いくら神様だってそんなに聞いちゃくれませんよ。

合格祈願に無病息災、良縁成就に商売繁盛、八方除《はっぽうよけ》……あなたね、万札入れるならともかく、１００円玉だったら願いはひとつにしときなさい。ましてや5円玉ならね。

お参りの基本は、まずは自分がいま生きていることへの感謝。それが心の安定を生むものなんだから、あれこれ神様に頼まないほうがいいんですよ。

祈願には強く願うものをひとつ。

そういう節度があってこそ成就するもの。

お仏壇には声を出して手を合わせる

僕はね、朝晩はかならず仏壇に手を合わせて、「行ってまいります」とか、「帰ってきました」と言っています。

たとえば朝、「今日は後楽園ホールで『大喜利』が2本あります。はつらつとしていっぱい笑いが取れるようにご加護を下さい」って声に出してお願いをして、チーン。帰ってきてからまた手を合わせて、「上手くいきました。みんな大喜びしてくれました、ありがとうございます」と言って拝んで、チーン。

お仏壇に向かって、感謝をちゃんと声に出してみるととっても気持ちがいいんですね。チーンってりんを鳴らすと、言葉が向こう側にいった感じもします。

あの世があるかどうかなんて、実体として確認した人はいないし、本当はどうなのか誰にもわかりません。ただ、いま生きている自分がここにいることは確かです。自分のことを愛してくれた両親がいたことも確かですね。

いまは写真とか動画がいっぱい撮ってあるんでしょうけど、大好きだった故人を似顔絵に描いてお仏壇に飾ってもいいと思う。「お父さん、お母さん、お世話になりました。僕は元気です」って励みにするとかね。

きちんと言葉にすることが日々の張り合いになるし、そうやって元気に生きることが最高の供養になると思うんです。

過去よりもいま——細胞なんて毎日生まれ変わる

女の人の人生ってのはね、男と違って、秘密を隠しておくのが上手いところがあるんですね。男のようにべらべらしゃべらずに、秘め事を胸に何十年も過ごすことも出来る。だけど、それを重荷に感じる人もいましてね。

ある女性が、結婚前にいわゆる「風俗」で働いていて、それを旦那は知らないので、気に病んでいるというのです。

だけど、僕はそんなことは恥ずべきことではないと思うんですね。その人の気持ちとしては、旦那を騙してしまったという罪悪感があるんだろうけど、騙したんじゃなくて、その方はそういう戦術でたくましく生きてきたんだから、過去を否定する必要はないんですよ。

そりゃ肌を見せたりオッパイさわらせたりしたのかもしれないけど、もう過ぎちゃったこと。細胞なんて毎日生まれ変わるんだから、自分を汚らわしいと思ったり、いちいち過去を恥じることはないんです。

僕は「いやんばか〜ん」とか「酔姫エレジー」なんて歌を出した頃、レコード会社のキャンペーンで風俗店を巡業してたんですね。まあ風俗といっても、男の人にちょっとさわらせる程度の店ですが。

風俗って昔の本格的な遊廓から、いまのキャバクラまでピンキリだけど、エッチは商品化されるとじつはさほどエッチじゃないんですね。たとえば男がちょっと肌にさわって周りで女の子が「ソコがオチチなのォ！　ワッショイワッショイ！」なんて囃し立ててると、素人の男性はそれだけで盛り上がっちゃって満足したりしてね。

そんなキャンペーンのひとつで高円寺のある店に行ったら、ナンバーワンはなんと60過ぎの女性だったんです。長襦袢《ながじゅばん》の下は裸でパンティだけ穿いて、指名があちこちからかかって店のなかを駆けずり回ってる。店内は暗闇でミラーボールが回ってるから顔がよくわからないんだけど、控室で年齢聞いてビックリしちゃったわけ。その歳でそうやって一番手で稼げるなんて立派なものですよ。全然恥ずべきことじゃない。

店では短大の教授の奥さんがアルバイトでこっそり働いてたりもして、すごく意外でしたね。

風俗って人間の一番お下劣なところを商品化したものだから、僕みたいに商売に興味がある人間からすると、とても面白い。時代によって刷新されていくし、本質的にはドライなのにエッチな幻想をつくり出しているところがすごいんですね。

だから、風俗で働いていた過去なんて、旦那に明かす必要は一切ないですよ。いまが一番大事なんだから。

あとね、「本当はあの人が好きだったけど、ほかの女に取られたからあなたと結婚したの」みたいな告白いりませんから。なんでもバカ正直にいうのが誠実ってわけじゃない。

細胞なんて毎日生まれ変わるんだから、過去に執着せず、いまを大切に生きればいいんですよ。

第2章　「まずは動け」の仕事術

1961年、新宿末廣亭にて初高座。師匠の三代目桂三木助が早世したため、八代目林家正蔵門下に移り、65年に二ツ目昇進。楽屋内での目はしの利く働きぶりに目を付けたのが先輩の立川談志。69年に『笑点』の大喜利メンバーに抜擢された。「僕は名人上手を目指さない」――前例にとらわれず、人の行かない道で勝負し続けてきた仕事の流儀とは。

まず動いてから、振り返ってみる

僕はね、仕事に関してあらかじめ「熟考する」ことはしないようにしているんです。いちいち意味を探ったり、これはどういうことなんだって考え込んでしまうと、行動力が鈍くなってしまう。頭は薄っぺらなほうがいいの。

僕の場合は、まず動いて、後からどうだったのかなと振り返る。成功しても失敗してもいいんです。人より先に動くことが大事。

僕の落語でいうと、先手を打って行動して、振り向くとあとから時代がついてきたということがよくありました。たとえば噺に声色《こわいろ》（物真似）を入れる落語家なんて、昔はほとんどいなくて、僕がはじめたときは楽屋でなんやかんやと悪口を言われたものです。

でも僕はそのほうが面白いと思ってやり続けて、気づいたらそれが僕の個性として確立していった。振り向けば、そのスタイルを真似する後輩たちも続いている。

僕たちの商売って、ある意味「時間の盗人」で、噺を聞いた人が「なんだか面白くて、あっという間に時間が経っちゃった」というのが理想。悪くいえば詐術《さじゅつ》だし良くいえば芸術なんですけど。そういう世界はとくに、立ち止まってないで、先に動いたほうがセンスも磨かれるんですね。

日常生活でも、何か面白い本はないかなって本屋さんに行って、ピンときたものをパッと買う、ご飯を食べるのも忘れるくらい何かにのめり込む、とか。

馬鹿なほうが、いらないことを考えずに自身の勘でぱっと動けるんですね。

まずは動け、頭は薄っぺらでいい、というのが僕の流儀です。

「ちょっとやってみるか」の決断力

もともと僕は、落語家になるつもりなんて、少しもなかったんです。18歳のとき就職先の森永乳業をわずか4カ月で退社してからは、漫画家を目指して清水崑先生のもとに弟子入りしましたから。

僕の漫画は実業之日本社の『漫画サンデー』に掲載されて、プロとしてスタートしていたんですが、入門から4年目のこと。清水先生から突然言われたんです。「お前さんはやることが面白い。これからはテレビの時代になるから、絵が描けてしゃべれたら売れるぞ、ちょっと落語をやってみたら」って。

「ちょっと」って言われたから、僕は軽いノリでそこに乗った。落語家に入門して寄席にタダで出入りできたら裏側の世界を見られて、落語家を主人公にした『サザエさん』みたいなものを描けるんじゃないかって思ってね。不謹慎かもしれないけど、取材みたいなつもりだったんです。

で、桂三木助に入門したら、すぐに「絵を描いちゃいけない。酒飲んじゃいけない。恋愛も持ち込んじゃいけない」って禁止だらけ（笑）。

でも絵っていうのはひとりで描けるものですから、べつに見つからなければ描けますよね。僕は清水先生のところにいた頃、画稿を取りに見えた編集者たちにお茶出しして無駄話してたから、編集部の知り合いがずいぶんいましてね。前座やっている時期は収入がないから、「なんかカット描かせて下さいよ」って、声かけてた。そしたら、読売新聞の谷村錦一デスクが、花登筐《はなとこばこ》さんの書いた「放送交友録」に添える似顔絵の仕事を振ってくれたんです。

当時、新聞社のエレベーターのなかでばったり、政治漫画で人気の近藤日出造先生に会いましてね、「あんた、私が似顔を描いてる新聞に似顔を描いてんだね。だけどおかしいね、日出造、木久蔵っていうのは」って笑ってましたよ。

月刊誌の『旅行読売』でも挿絵を連載していたんですが、旅行雑誌だけにお客さんの観光バスに一緒に乗ってついて行くこともあって。そういうところの宴会で司会をすると、「ちょっとこれ」って3000円くれたり、そこでもらった名刺から結婚式の司会の仕事がきたりと、人間関係がどんどん広がった。前座時代はそういうことをやりながら稼いでましたね。

落語の覚えはけっこう早いほうで、兄弟子の桂木久八（のちの入船亭扇橋）さんが『寿限無』と『たらちね』を教えてくれましてね。うちのおばあちゃんの法事の打ち上げで親戚に「なんかやってよ」って言われて、僕が落語をやったら、飲んでるもんだから2つの話が混ざっちゃったんですよ。『寿限無』と『たらちね』の名前をいう長丁場って似てるでしょう。間違えちゃったんだけど大ウケ。そんな噺でも3000円もらえたから、いい商売だな、もう少しやってみようかなって。

スタートは軽いノリだったんです。

僕の場合、そんな形で落語家の道にいったわけだけど、少しも後悔はありません。この道を選んで大正解だったと思っています。

選んだ行為で、その人の将来に結ばれていくことがある。飛び込んだあとで、状況や環境を自分の意に沿うようにしちゃえばいい。「ああ、こっちでよかったんだ」と思える生き方を、自分でつくっちゃえばいいんですよ。

人通りの少ない道を探す

若い人たちからどうやって仕事を選んだらいいのか相談されることがあります。まず人通りの多い道を歩くか、人がまだ見つけていない裏道を行くかという選択がありますよね。

僕自身は、いま現在カッコいい職種に向かうと無駄に倍率が高いし、その少し先を見ることが大事じゃないかと思ってます。裏道を歩んだ先に花の山があることもある。いまマイナーだったり落ち目の産業と思われてるものでも、これから先すごく飛躍するものって必ずありますから。

たとえば外国人にお刺身とか和食がとても人気だし、近い将来、佃煮とか海苔、昆布、海藻の加工品なんかが世界的に取り入れられるようになると思うんですね。

あるいは、はんぺんとか薩摩揚げの「練りもの」ね。ひと昔前のイメージだと、練り製品というのは匂うしクセがあるしで、若い人の食味に合いません。だけれど鮮魚よりも口に入りやすいし、美味しいし、アレンジもしやすい食品なんです。これだけ来日する外国人が増えたことによって、また再評価されると思うんですよ。そうやってこれから伸びそうなものを探していったら、仕事の選択の幅は大きく広がると思うんですね。

たとえばいまは証券会社は不人気で、銀行員だってなり手が減ってると聞きます。僕のところにも株の勧誘の営業マンが来るんだけど、すごいオジサンばかりだから聞いてみたら、若い人が入ってこなくて困ってるという。若い人にとって、いま魅力を感じる職種じゃないんでしょうね。

ただ、いくらＡＩが進化したって資本主義が続く以上、株取引はなくならないし、銀行自体も生き延びるだろうし、手堅い。角度を変えて見れば、世の中にはいろんな隙間があって、これからとてもいい職種になり得るものはたくさんあります。「就職探偵」になったつもりで、そういう伸びしろのある仕事を探すのも楽しいものですよ。

「ま、いっか」の仕事術

談志師匠がある意味「落語に身をささげちゃった」人だとしたら、僕の落語はその真逆だと思うんです。落語にのめり込み過ぎることがなくて、つねに「ま、このくらいでいいいか」という姿勢でやってきた。登場人物になりきるとか、難しい時代背景の考え方とか、そういうものはまったくないですよ。話芸なんだからとにかく面白きゃいいいんじゃないの？という考えでやってきました。

僕の場合、たとえば30分の持ち時間だと、まず３つか４つ山場をつくるっていう計算をするんです。10分ずつのネタをいっぱい項目にメモして高座へ持ってくんだけど、たいてい全部しゃべり切らないうちに終わりの時間になります。

自分が夢中になって、得意になってしゃべれることから投げていって、用意した半分もしゃべらないうちに時間が来ちゃって、「ま、いいか」と。

すると心情的に非常に楽なんですよね。こんなにしゃべろうと思ったのに半分で済んじゃった、この噺はけっこうウケてるんだなって思えて。変な話、てんこ盛りのうち、半分売れればそれでいい商売（笑）。

材料はいっぱい用意して、どこに中心を持ってくるか探りつつ、盛り上がりのところでパッと切りたいんです。だから山場は必ず3つか4つ用意しときますね。たとえば、ラーメン屋になって大失敗したときの落ちで終わるか、怪談噺の最中、僕が火の玉を師匠の頭に乗せちゃって「熱い！」って言ったら、師匠が「火事だ！　アタマが火事だ！」って騒ぐ落ちで終わるか。こっちで切っても、あっちで切っても面白いというのを必ず複数用意しておく。一番盛り上がったところでパッと下げる。その思い切りが大事なんです。

「ま、いっか」という余裕が、話芸の切れ味を生む。木久ちゃんの落語もっと聞きたかったなってところで、切ったほうがいい。

普通の仕事に関しても、あまりのめり込みすぎない、やり過ぎないって大事なことだと思う。手札はもっとあるけど、出すのはここまでって余地を残しておいたほうが気が楽だし、次につながると思うんですよね。

発想を柔らかくして、慣習にとらわれない

僕が初高座で新宿末廣亭に出たとき、『寿限無』しか覚えてなかったんですよ。出番の直前、万年前座で訥弁《とつべん》のおじいさんから突然、「み、み、短くね」って言われたんです。急に言われても『寿限無』はそのましかできないから短縮しようがない。

それで仕方がないので、当時大流行していた森山加代子の「月影のナポリ」をツーコーラスそっくりに歌ったの。高座を降りてきたら、楽屋に先代の三遊亭圓楽さんがいたんですよ。それがあの師匠との最初の出会い。他の人は怖い顔してるなか、圓楽さんだけがもうゲラゲラ笑ってくれてね。

「キミ歌っちゃうねえ、歌うよねえ、歌だ」って。それから僕のことをよく覚えててくれてね、楽屋で顔を合わせるたびに、「今日は何を歌うの？」っていつも面白がって気にかけてくれたんです。それが、その後の何十年もの『笑点』での付き合いにつ

ながっていったんだから、人の縁ってわかりませんね。

初高座で歌っちゃったくらいだから、僕は落語に関して発想がとても柔らかかった。慣習にとらわれずに、新しいことをどんどんやったらいいと思ってやってきました。たとえば正蔵師匠の怪談噺って、面白くも怖くもないの（笑）。「そなたは豊志賀《とよしが》、迷うたな」なんて言うと鐘がゴーンと鳴って客席が暗くなる。僕が焼酎火の火の玉を竿《さお》の先につけてゆらゆらさせるんですが、こんなんでお客は怖いのかなといつも思ってました。

それをいまは一門の林家正雀さんが引き継いでやってるんで、僕は言うんです。「前座さんが楽屋でたくさん余っちゃってるからみんな幽霊にして、最後はマイケル・ジャクソンの『スリラー』で踊ったら面白いんじゃない？」って。

「いや、そんなあ……」なんて流されましたけど、そういうチャレンジをしたほうがお客は喜ぶし、儲かるものなんですよ。

二ツ目時代の高座風景

芸事に馴れ合いなんていらない

落語家、とくに『笑点』のメンバーとは、適度に距離を置いているんです。私生活で仲良くなると「なあなあ」になって、内輪のノリが画面に出やすくなると思っていて。僕は番組の収録が終わったら、さっと帰るようにしています。

思い出すのは、『笑点』メンバーだった先輩たちのやりとり。桂歌丸師匠と三遊亭小圓遊師匠が、番組で毎週、お互いの回答をけなして「ハゲ」、「バケモノ！」と喧嘩して、きっちり役割をつとめていた面白さ！

視聴者には「あの2人、大丈夫かな」「どうなっていくんだろう」ってハラハラ対立させたほうがいい。芸に緊張感があったほうが、また観てもらえるんです。『笑点』メンバーでは、好楽さんと僕は正蔵門下の兄弟弟子で、一番関係が近いんですけど、私生活でお互いの家に遊びにいったりはしませんね。

芸に生きる者は、馴れ合いなんていらないんじゃないかな。

笑いながら高座を降りてくる名人はいない

柳朝（先代）、圓楽（五代目）、談志師匠はじめ長年いろんな名人上手を見てきましてね、一流の落語家でニコニコ笑いながら高座を降りてくる人って見たことがないんですよ。

高座では一所懸命しゃべるけど、お客さんをワーッと笑わせて高座を終えて袖に戻ってくるとき、意外にブスッとした表情をしている。ウケたなって満足顔で戻ってきたりはしないんですよ。

それに、自分に厳しい芸人は、楽屋だって安心できる場所じゃない。そこが仲間との居心地いい空間になったら、成長が止まってしまいますから。緊張感をなくすことが一番怖いことなんですね。

だから、楽屋でリラックスしきって笑ってる人って、一流じゃないんじゃないかな。

オフ日も自分の落語をかけて勘を鈍らさない

いまの僕の仕事のペースだと、寄席の出番があるときは、毎日高座にあがりますけど、そうでないオフのときは、次の高座が3日後、4日後というときもあります。まあ、1週間空くことはまずないですが、落語家にとって、たとえば1週間高座がないと、つぎに出るとき、怖くなっちゃうんですよ。落語を忘れることはないんだけど、お客の前で声がちゃんと出るのかどうか、不安になるんです。
「俺、落語しゃべれるのかな?」ってね。お相撲さんが、休場のあと久しぶりに土俵にあがるのが怖くなる感じと似ているかもしれない。

そうならないよう、僕は絵を描く仕事をしながら、ラジカセでいつも自分の落語をかけているんですよ。普通、絵は静かに描くものなんだけど、僕はずっと自分の声と噺を聴いて、体に入れている。自分だけじゃなくてね、正蔵師匠とか志ん朝師匠とか、先輩たちの落語も聴いています。「うちの師匠は昔はずいぶんテンポが速かったんだな」なんて思ったりしながら。

絵は、簡単なカットでも1枚描くのに1時間ぐらいかかりますからね、そうすると2席ぐらい聴けるんですよ。三木助師匠や金馬師匠（三代目）なんかのテープはいっぱい持ってまして、こういう名人の落語を再生すると、自分の故郷に戻ったみたいで安心するんですよね。一緒にその場にいるみたいな気持ちにもなって。

僕は家であんまり稽古をしません。そのかわり、テレビや日常生活の体験で、題材になりそうなひらめきをぱっとメモしています。あとでメモを見て、どう組み立てたら面白いかなって計画を練ったり、これまでの話題をどう変えようかなと考えたりしていますね。

高座のないオフの日も、そうやって、自分のなかに落語の蓄積をつくっている。いい仕事をしたかったら、日頃から勘を鈍らさないようにすることが肝心ですから。

黙って聞いてるだけで相手は満足する

芸能の世界ってのは、芸人も、あるいはテレビ番組の制作者なんかも、なかなかに癖のある人が多いんです。

あるとき番組ディレクターが「木久ちゃん、なんであそこで歌っちゃうんだよ。ひとりで画面さらっちゃってさ、他の人の時間配分を考えてくれよ」って言うわけです。そんなに中身がある話じゃないのに、「だからあのときね」ってまた同じことを繰り返す。そんなとき僕は反論せずに黙って聞いて、最後に「すみませんでした」と言っておく。

そうするとそのディレクターが、「今日は木久扇さんとよく話せた」って満足そうに言って帰ってくの。ほとんど自分がしゃべってたのに、「木久ちゃんとはよく話し合ったよ。な？　木久ちゃん！」って（笑）。

仕事で理不尽なお小言を言われたり、不愉快なことがあっても、僕のほうから、面と向かってキツい言葉を返したり、怒鳴ったりすることはまずありません。

とくに江戸っ子って気がせっつく人が多いんですよ。人間は自己中心的にできているから、そこでお互いぶつかって怒ってもしょうがないですからね。

そうそう、小言といえば、亡くなった圓楽さんのお説教のすごさは有名でしたよ。弟子を前に座らせて、羊羹《ようかん》一本食べながら延々と怒る。言い訳なんかしようものなら、もう時間が延びるだけ。癖っ気の強い人相手には、黙って受け流しとくのがいいんです。

そんな状況になったら、ふと天から俯瞰して眺めてみると、まああまり腹も立たないですよ。

噺でも会話でも「間」が命

会話っていうのは人間の関係を円滑にするものですよね。

勘違いしやすいのは、「話し上手」っていうのは、決して、一方的によくしゃべる人を言うんじゃない。ひとりでただしゃべっているのは演説で、会話ではないんです。

これは落語でも同じことで、「落語はひとりでしゃべってるじゃないか」って言われそうですけど、じつはそうじゃない。落語もある種、会話なんです。

たとえば「持ち時間30分、爆笑でお願いします」って言われて高座にあがっても、僕は30分のうち20分くらいしかしゃべってない。こっちがしゃべって、お客様が笑う。そこでちゃんと「笑い」の間をとって、次の話題に言葉を継いでいく。

お客さんのリアクションを待つんです。笑いの間を待てるか待てないかが、経験を積んだ落語家と若手の違いで、若いとつい客席がシーンとなると間が持たないので、慌てて速くしゃべっちゃうんですよ。噺がウケてないんじゃないかと思って。

だけど、じつはしっかり間をあけて待ってあげたほうが、お客さんがツボを理解して笑うようになる。笑う話じゃなくても、心のなかで「そうだね」とか「なつかしいな」とか、しゃべっている。無言の会話を噺家とお客様とが交わしているんです。そのために僕は噺に「隙間」をつくってるんです。

僕は母が小唄の師匠をやっていたし、幼少のときおばあちゃんによく明治座に連れてってもらって芝居を見ていたせいか、いい間というモノを知ってるんですよ。パッと黙ると人が緊張して、「あれ？」って思ったときにしゃべり始めて、「なーんだ」という持っていき方が落語ですよね。そういう呼吸を子どもの頃から知っている。

たとえば三味線弾いてて「ハッ！」って言うじゃないですか、そのときは弾いてないんですよね。それで次の音に移ります。あれは象徴的で、何もしていない時間が「間」なんだけど、その、無言の呼吸ですよね。よく大学出て落語家になった人が「先輩の間を勉強する」っていうけど、あれは違うんですよ。落語を聴く以前の、もっと動物的な感覚なんです。

日常的な場面でも、会話に自信が無い人ほど、時間が空白になるのが怖くて、しゃべるスピードをあげがちです。

でも、たとえば晩年の正蔵師匠の落語は、すごくゆっくりだったんですけど、ちゃんとお客様に届いている。あのテンポは頭に沁みてくるんですよね。一方で志ん朝師匠のスラーっとしたスピード感と迫力をあわせもった語りもいいし、談志師匠は歯切れよくポンポン早口でしゃべる面白さでした。僕の想像ですが、明治、大正時代の東京人の会話のテンポは談志師匠の口調に近いような気がするんです。

僕自身は志ん朝師匠のテンポ、つまり談志師匠ほどには速くなく、正蔵師匠ほどにはゆっくりではなくて、その間くらい。志ん朝師匠の口調は、身の丈にあった着物がぴったりくるように格調があって、大好きでした。

言葉を伝えるうえで大事なのは、しゃべるスピード以上に、「間」なんです。

ある話題を終えるときに置く「間」だったり、あるセンテンスの流れのなかにつくる「間」だったり。うちの正蔵師匠は「しゃべるときは歌うように、歌うときはしゃべるように」っていう名言を残してるんですが、ダラダラとしゃべるんじゃなくて、リズム感よく緩急を付けろという意味だと思います。話には適度な隙間が必要なんですね。

では、どうやって効果的な間をとるか。噺でも会話でもそれは相手をみて、呼吸をあわせるしかない。相手を置いていかないで、無言のなかで「ここですよね」と小休止をちょっと入れる。聴いている人はそれで楽になれるんです。

会話していて楽しい人って、目の前にいる相手のことをよく見てて、当意即妙に間をつくってるんですね。

落語に限らず芝居でも踊りでも、間が命。もっといえば人生そのものが「間」がいいかどうかで大きく変わってくる。だって人の悪口を言ってるところを当人に聴かれちゃったら「間が悪い」し、タイミングをつかめない奴は「間抜け」でしょ（笑）。

そもそも人間って「人の間」って書くくらいですからね、間が大事な生き物なんです。

男の嫉妬にご用心

男ってのは、嫉妬深い生き物でしてね。

他人が評価されて社会的に上にいくことがあまり愉快じゃないんですね。たとえば誰かが表彰されたと聞いても、「あの程度のことで賞もらっちゃうんだ。どうせコネなんだろうな」とか思うわけですね。「男は他人に嫉妬しやすい」という弱点を自分でも心得ながら人と向き合ったほうが、人間関係がうまくいくと思うんです。

嫉妬の内容と度合いはさまざまですが、芸事の嫉妬というのは「盗まれた！」っていう形で出ることがあるから怖い。俺とそっくりなこと真似してるだろうってね。ご本人はもう大成しているのに、許せないって騒いでいる方を見ると、このくらいの事もっと寛容にしてあげればいいのになと思うんですけどね。

通常は、人間、自分と同じレベルで同じようなことをやってる人が嫌いなんですよ。出世のベルトコンベアに乗ってて先に行かれそうだとか、同じことをやってるのに上のウケがいいとか、些細なことで嫉妬するわけですね。

僕自身は、あまり嫉妬心とか持たないほうなんですがね、唯一の例外が桂文枝師匠(笑)。

文枝師匠を見てると、新作落語ってあんなにたくさんつくれるものなのかとちょっと悔しい。もう300本も自作が有りますよね。僕なんかはせいぜい5つくらいですよ。そのうち絶対ウケるのは2つか3つ、『昭和芸能史』とか『彦六伝』とかね。

文枝師匠には、一度うちの倅《せがれ》(二代目木久蔵)が文枝師匠の新作噺を演目でやりたいというんで、僕からお願いしたことがあるんですよ。そしたら段ボールいっぱいにご自身の新作落語のテープを送ってきたの、1本でいいのに(笑)。やるからには徹底的に学びなさいってことなんでしょうけど、その心意気がすごいなと思って。いまでもその大量のテープ、大切にとってありますよ。そういうスケールの大きさが他の落語家さんとは違うなと思いましたね。

もちろん他にすごい方々はたくさんいらっしゃるけど、他の師匠に特別、嫉妬を感じたことはありません。それはたぶん、僕が極力、他人がやらない道を開拓してきたからなんですね。

僕が爆笑路線にいったのも、古典落語なら少し上の先輩には古今亭志ん朝師匠がいて、同期に柳家小三治師匠がいたから。古典落語なんてうまいの2、3人いれば十分なんだから、こっちは無人の荒野をゆくことにしたんですね。気づけば、先代の林家三平師匠も三遊亭圓歌師匠もお亡くなりになり、この方面では僕が天下を獲った。荒野を進んでやっぱり正解だったなと思ってね。人とかぶらない道を進めば、くだらない嫉妬心に心を乱されることってあまりないんですよ。

まあ現実的には、ついつい嫉妬してしまう人がいたら、そういう人にはなるべく会わないほうがいい。顔をあわせざるを得ない人なら、できるだけ接点を少なくして、あとは飛行機の窓から東京湾を見てるような気持ちでいましょうよ。同じ目線で近くばかり見てると差異が気になってしまいますからね。

ゴツンと心に当たるお返しをする

昨年、海外旅行に行った帰りに、一緒に遊んだ前座さんたちと打ち上げをしたんですね。旅先でずいぶんおごったし打ち上げ代も僕が出したんですが、何のお礼もなく、ただ飲み食いしているだけだったんですね。

普通こういう事だったらね、１０００円とか２０００円くらいのちょっとしたお煎餅でもいいから「師匠ありがとうございました」って気を回すものなんですよ。若い芸人は、そういうことに気がつかない。

別に僕は煎餅がほしいわけじゃないですよ。ただ、どういう形でもいいから、何かゴツンと心に当たる気配りをしてもらいたいだけ。それが周りへの思いやりだし、気遣いなんですね。

僕たちが前座の頃は、考え方として何かしてもらったら10％返すって習わしがありました。頂いたものを全部自分の懐に入れるんじゃなくて、お世話になった関係者に感謝を示してお返しする。たとえば北海道の巡業に行ってきたら、師匠宅へバターを土産にするとかね。「いいんだよ、こんな気を遣わなくたって」と言うんだけど、そんなちょっとしたもので師匠のおかみさんはずいぶん喜ぶのね。

うちの弟子を見てても、（林家）ひろ木とか、世代的に古い子は「地方に行ってきました」ってお土産にシラスをくれたりするんですよ。「シラスこんなにいっぱいいらないから半分持っていきなさい」って言うと、「いや私、家でご飯つくりませんからいらないです」って（笑）。そういうささやかなやりとりがいいんですよ。

周りへの気配りができない子はどこか小粒で、不思議と芸も平均的で飛び抜けるものがない。

安いものでいいんですよ、何かしてもらったら、ゴツンと心に当たるような感謝を返すことが、人間が練れて、芸も育つことにつながるんです。

声に出して、鏡のなかの自分に暗示をかける

人前で緊張せずにうまく話すコツは何ですかとよく訊かれます。働いている人たちは、会議とか営業とか接客とかで、何気にうまく話す必要のある場面って多いんですよね。

僕は日常的に大勢の人の前で落語や講演をやるわけですけど、本番前、必ず鏡に向かって自分に言うんです、「今日の出演者のなかで僕が最高なんだ、面白いに決まってる。僕は自信を持って出て行きます」と。

小さく声に出して必ず発声します。自分に暗示をかけて、ものすごくいい笑顔をつくる。

それから高座に出て行くんです。心のなかでもそもそ言うんじゃなくて、ちゃんと声に出して「僕が一番面白いんだ」って自分に言い聞かせる。誰に教わったわけでもなく、僕が無名のときからやっている習慣です。

先日、僕が綾瀬はるかさんに元日の『笑点』の落語を稽古したんですが、高座にあがる直前に綾瀬さんが「師匠、落語って難しいですよね。私、出ていったら噺が変わっちゃうかしら」って言うから、この鏡に向かって言う方法をアドバイスしたんです。そしたら彼女は素直に手鏡をもって自分に語りかけていて、効果は大いにありました。話すのが苦手な人も実践してみたらいいと思う。「私は人前でしゃべるのが苦手」なんて思わずに、大事な場面では自分に魔法をかけてから臨むといい。

ただね、これは大事なことなんだけど「緊張」そのものは決して悪いことじゃない。僕はもう60年落語家をやってますけど、いまでも高座に上がる前は緊張するし、とくにテレビの収録前は全身が総毛立つような感じになります。その緊張によって、全身が冴えて、場の空気への心配りもすごくできる。

ある種、剣道の試合みたいなもので、お客さんを相手にしゃべりだして間合いを探っているうちに、「あ、今日のツボはここだな」とスパッと斬り込む。ハマると良いきり返しがあって、「面白い！」って会場が沸く。緊張感があるからこそ、場への感度が高くなるんです。

あと、じつは僕たちの仕事の大きなプレッシャーって、楽屋（笑）。同業者やスタッフたちがじーっと聴いている。ちょっとのことでもボロが見抜かれるし、内容がすべったのはごまかせないし、仲間は絶対に誉めないし、緊張感抜群。

だけど、その渦中にあって「僕が一番面白いんだ」と自分を騙す。

緊張こそ、味方につけちゃえばいい。

声を出すのが得意じゃない人は、鏡をのぞいて、一番いい笑顔をつくってからしゃべるといいんですよ。自分を騙すことが人前でうまくしゃべるコツですね。

体がヤバイと察知したら、辞めればいい

勤め先がブラック企業で、仕事を続けるべきかどうか迷ってます……なんて言っている人がいたけど、そう思ったら辞めちゃえばいいんですよ。

まわりに相談するまでもない。

動物は、危ないところから逃げるのにいちいち相談なんてしませんよ。体がヤバイなと察知したら、さっと身を引く。

逆に、辞めないのなら、それはその人の答えなんでしょう。

日本人は、納得のいかないことにも一カ所でじっと我慢するのが美徳みたいに考える人が多いけど、僕は絶対にそう思わない。生きる時間は限られているんだから。

仕事の辛さは熱い天ぷら蕎麦でしのぐ

僕は30代の頃、TBS系列『モーニングジャンボ』という朝のワイドショーで突撃レポーターをやっていたことがありましてね。あらゆる職業に挑戦するっていうんで、たとえば北海道の網走からオホーツク海に出て鮭漁をやったり、サーカスに挑戦して空中ブランコをやったりしてね。

もう体力的に本当に大変で、鮭漁だったら午前2時にすごい波にゆられて荒海にでるんですよ。いまでも時々夢に見ますけど、黒い塀みたい波が何回も襲って来てね。自分の体を海に流されないように甲板の柱に縛って、海にかまぼこ板が浮いてるような状態のなか、重い網を引き上げるんです。カメラマンも酔いまくってて、地獄でしたね。

空中ブランコのときなんて、下の見物の人が豆みたいに小さくなって見上げている高さで、ディレクターに「怖いだろうけど安全ベルトがついてるから、いっぺん落っこちるシーンでいきましょう」なんて言われてね。冗談じゃない！　本番でしぶしぶやりましたけど。

だから収録の日は朝が来るのがとても嫌で嫌でね、そんな仕事を10年間もやりました。それが月4回ですから、定収入としては大きかったんですよ。そういう定期的に出演料をもらえる仕事、そして落語会や旅行社の仕事で生活を回していました。

嫌な仕事でも、これでいくらになるって思うとたいていは耐えられるんですがね、唯一、観光バスに乗って宴会に行く仕事は早々にやめました。現地集合で宴会を盛り上げるだけならともかく、客と一緒の観光バスに乗ると一番前にいるから、もう何から何までやってくれって言われるんですよ、ガイドさんとの掛け合いで歌うとか、お客さんの要望で小噺をするとか、道中ずっと面白くしてなきゃいけないのが辛くてね。もうたまらないと思って後輩に仕事を紹介して抜けました（笑）。

でもまあ大概のことは、終わったら熱い天ぷら蕎麦が食えるとか思うと、その場をしのげます。粘り強さと持久力も身につきますよね。辛い仕事のときほど、次の楽しみ、自分に対する娯楽やご馳走を心掛けるといいんですよ。

下積みでは気配りの反射神経を磨く

僕が落語家への転身を決意してこの世界に入ったのは22歳のときだったから、当時としては他のお弟子さんたちに比べたら遅い入門だったと思います。下積みの苦労っていろんな方が語るものだけど、僕には楽しかった。高座返しのとき、いつも「おまえがやれ」って言われてやってたんだけど、僕は高座の真ん中にピタッと座布団を置くのがとても好きでした。

他の前座さんが置くとちょっと曲がってたりズレてたりするんだけど、僕は絵を描いてたから構図で見る癖がついていて、マイク前の真ん中にピシッと座布団を置くことを自然にやってたんですよ。

そんなシンプルなことがいろんな師匠たちに気に入られてね。だから、三味線漫談の都家かつ江師匠のときも高座返しは必ず僕だったんです、「あんた三味線出して」って。三味線の置き場もきちんとした場所がありますから。

お茶出しやなんかも昔はうるさくて、師匠によって、濃いお茶、ぬるいお茶、糖尿で水しか飲まないとか全部違う。いまの若い人は「お茶どうします？」って聞いちゃうんだけど、僕は小さな一覧表をつくって「三遊亭圓生師匠はこういうお茶」とかメモして覚えて出してたんです。まあ、楽屋のお茶なんてどう淹れたってそんなに美味しいもんじゃないんですけど、「楽屋石田三成」みたいなことをやってました。

そういう積み重ねがあってか、立川談志師匠も「木久蔵は気が利くやつだ、俺が湯に行くっていうとひげ剃りまで用意してくれた」って言ってくれました。

別にこの師匠に取り入ろうとか、計算でやってたわけじゃないんです。下積みをしていると、その場に必要な「気配りの反射神経」が磨かれるんです。

だから、みんなが「ああ腹減った」って楽屋に入ってくるから、楽屋でラーメンつくって売れば儲かるんじゃないかな、みたいなことも考えて楽屋のガスコンロ使ってつくったんですけどね。さすがにこれは「匂いがつくだろう」って圓生師匠に怒られました（笑）。

あの頃の僕は反射的によく気がついた。パッと履きものを見て乱れてたら直すとか、師匠たちが気持ちよく高座に集中できるよう場に気を回すことが、反射的にできるようになると、この感覚が自分の芸にも生きてくるんです。お客さんの空気を読む、話芸の反射神経が冴えてくる。

これは芸事に限らず、世の中のあらゆる仕事で活きてくる能力だと思うんですよ。下積みにはちゃんと意味があるんですよ。

会っているだけで口説きになる

落語会などで地方に行くと、終わると必ず打ち上げの宴会があるんですね。仕事の範囲外だし、「最近は飲まないんです」といって帰っちゃうこともできるけど、なるべく酒席にはお付き合いしています。

地方の主催者にとっては、落語会よりもむしろそれが楽しみなんですよね。「打ち上げ」というかたちで芸人を呼んで、いろんな内輪の話を聞きたいわけで、落語を聴きたいんじゃない。

僕がどういう人間なのか、なんであんなバカなことばっかり言ってるのか、そういうことを知りたくて宴席があるんですね。

そこで僕が帰ってしまったら、一緒に行った後輩たちのつながりも切っちゃうし、主催者もがっかりする。だから、「お酒やめてるんですよ」とかいちいち言わずに、コップの水に氷2個入れて目の前において、焼酎飲んでると思わせて2時間そこにいるんです。すると、また来年の仕事につながるんですよね。

時々お酒飲めない人で早々とご飯注文してる芸人もいるけど、少し待って流れを見たほうがいいんです。宴席は次の仕事を生む大きなチャンスですから。だから終わってからの2時間がとても大事。

僕はね、「会っているだけで口説きになる」と思ってるんですよ。ある程度の時間、同じ宴席にいるだけで、無理にヨイショしたり、ことさら面白い話をしなくても、相手に対する口説きになっている。一緒にいる時間を熟成させることで、その方と特別な絆ができるわけで、そういう場面を面白がれるかどうか。

やはり人の社会って、人と人のつながりで回っているんですね。1足す1が2のような明快な答えはなくて、割り切れないつながりが絡みあって発酵してゆくところに、人間関係の面白味があるんです。

礼状は早いほど気持ちが伝わる

仕事を下さった人とのつながりって、礼状の葉書ひとつで深まるもの。葉書はものとしてずっと残りますから、相手からすると嬉しいんですよね。

うちの正蔵師匠は仕事で呼んでくれたところには、必ず直筆で礼状を書いていました。お礼と一緒に「3年先の仕事でもまた行きます」って。

礼状でもっとすごかったのが談志師匠。スマホのない頃たとえば地方から飛行機で東京に帰るとき、機内の航空会社の絵葉書をもらってすぐ礼状を書くんです。で、書いた葉書を、飛行機を降りるときキャビンアテンダントに「よろしく」と言って渡す。切手も貼ってないから、飛行機会社がサービスで切手貼って投函してくれるのを見越してるんですね（笑）。

まあ、そんな節約術はともかく、談志師匠は礼状が届く速さまで計算に入れてるから、本当に頭がいいですよね。礼状は早いほど気持ちが伝わりますから。

手紙って自分を育てるんです

手紙を書くと、色んなことが広がるんですね。

ただ書くだけじゃなくて、できるだけ楷書で書いた方がいい。キチッとした字が書けると自分も気持ちがいいし、相手にも伝わるから、いい感情を与えます。そういうことをきちんと出来る自分に、自信がつく。

手紙って自分を育てるんですよ。いろんな人に会って、社交をするなかで身につく自信と同じような効果が、手紙を書くことにはあるんです。

そのためには、いくつかのコツがありましてね。

葉書でも便箋でも、紙のなかにもうひとつ、透明な額があると思って書いていくと、多少マズい字でもうまく整理されているように見える。これは絵を描くときのコツでもあって、キャンバスのなかにもうひとつ額があって、そこにはめ込むというイメージです。

僕の漫画の先生の清水崑先生は、字がとても面白くてあたたかいのが持ち味でした。軽く書いてる感じなんですけど、全体はキチッと揃ってて。手紙でも葉書でも絵が添えられているんですよ。5月だと鯉のぼりが描いてあって、1尾だけなぜかウナギだったり。鎌倉から東京の品川に引っ越したときに漫画家仲間の小島功先生に出した手紙なんかは、ゴルフでコーンって球が転がった先に「来たよ」なんて書いてある。僕もそれに影響を受けて、手紙には簡単な絵を添えるようにしています。

手紙や葉書は思い立ったらすぐに出す。溜めとくと出す機会を逸しちゃいますから。

近頃はスマホでメールでのやりとりが当たり前だけれど、やっぱり手を動かして書くことではじめて伝わる、温かみや思いってあるんですよ。

どれだけ自分に元手をかけたかが芸に出る

昨今は落語も「伝統芸能」のように扱われていて、人間国宝がでたり、教科書に載ったり、この芸能を伝承するにはどうしたら良いか、なんてことが言われたりもします。創作的なことをいっぱいやってきた僕には少し照れくさいんですが、考えてみれば、話芸という無形遺産をどうやって次の世代に継承するかって、面白い課題ですよね。

落語の伝承の核にあるのは、噺や形態を「模倣する面白さ」だと思うんです。師匠から弟子へ、先輩から後輩へ教えるものだから、スタートはもちろん真似。最初は白紙でなんにも知らないところへ、目線はここに置くとか、扇子を前に置くのはお客さんと自分との間に結界をつくっているんだよとか、先輩から教えられて、学んでいく。

それから噺を教えていただいて、くりかえし稽古して、高座に掛ける。何十回、何百回としゃべっていくうちに、噺が変化をしていくんですね。あそこはいらない、これは足したほうがいいという演者の判断が自然に出てきて、服の寸法を直すみたいに、調整をしてゆく。

それが「自分の芸になっていく」過程だと思います。落語の場合は、師匠のコピーで終わっちゃうと面白くない。そこから、どう自分の噺にしていくか。そこまでできて、はじめて「伝承」だと僕は思います。ただそっくりやるのが伝承ではない。だからスタートは「まねぶ・ぬすむ」の模倣で、そこから自分のなかで膨らませていく。それを僕は「発酵」という言葉でよく表現するんですが、噺を発酵させるために、何が重要か。

それは、それぞれの芸人さんの「贅沢さ」じゃないかと思うんです。たとえば、たまには自費で海外に行くとか、高くてもとっても美味しいものを食べるとか、体験の厚みが必要なんです。うちの正蔵師匠がよく「噺家は口の商売だから美味しいものを知ってなくちゃいけないよ」って言ってたんですよ。

美味しいものって、必ずしも高いものじゃない。鮮度や季節の恵みを舌が知っているか。あるいは、千葉の奥地で放し飼いになっている地鶏の引き締まった肉のうまさを知っているか。そういう体験の豊かさが芸に奥行きを与えるんです。

自分に金をかけてきた人は、醸し出すものが、どこか贅沢なんですね。

贅沢というのはお金をいっぱい遣ってモノを買うのとはちょっと違う。むしろ、いろんなことを見たり聞いたりして、人生を味わい尽くしているということ。そういう蓄積があると、たとえば貧乏話をしても、「あんな話してるけど、いっぱい遊んで人生の楽しみを知ってる芸人さんなんだよね」って思いながら、お客さんは小粋な噺として聴いてくれる。

「どうも女の人ってのはいけませんね」なんていうひと言もね、奥さんだけを大事にしてる人が言うんじゃなくて、遊んでる感じのする噺家が言うと、聴いた人は「いろんなことがあったんだろうな」ってイメージを膨らませてくれる。人生酸いも甘いも経験してきた、大人の機微を心得た感じのする芸人が言うと、とたんに面白い一言になるんですね。

どれだけ自分に元手をかけてきたかが、芸に出る。

こればっかりは自分に投資するしかないんですね。人生の厚みが、噺を熟成させてうまみを出すんです。

第3章　家族・子育てについて

1967年、まだ二ツ目の頃に29歳で結婚。68年に長女を、75年に長男・宏寿（二代目林家木久蔵）をさずかる。「落語家になれ」とは一度も言わずに育てた宏寿は、大学在学中に自ら父に入門。夫婦円満の秘訣から、「平均」を押し付けない子育ての極意、亡き母の思い出まで、木久扇流の家族観がここに。

ひとりより、そばで聞いてくれる人がいたほうがいい

いろんな要素が重なって、いまのかみさんと結婚することになったんですけどね。男ひとりの孤独さと、職業上の孤独さを感じていたというのはあります。落語はひとりでやる仕事だから悩みもあるし、師匠と弟子とかいろんなものがくっ付いてくるので、そのときに相談できる相手がいたほうがいいんですよ。

「いま大変なんだよ」「嫌んなっちゃうよ、この噺覚えなきゃだけどさ、本当は好きじゃない」とかね。それをひとりでつぶやくより、そばで聞いてくれる人がいたほうが絶対にいい。

もちろんうちのお嫁さんの事が好きだったから結婚しました。僕は下町育ちで、かみさんも下町の白山下《はくさんした》生まれで分かりあえるというのは大きかったですね。たとえば寄席で僕がトリを取ると、演芸ホールの席亭に菓子折と金一封、お囃子のお師匠さんたちや前座たちに祝儀袋を配るんですね。それが初日と中日と楽日にある。普通だっ

たら、「何よ面倒くさい。いっぺんにご馳走すればいいじゃない」ってなりそうだけど、かみさんは下町育ちですから、祝儀を切る大切さを知ってるんですよ。だから上書きを書くのもうまくて、「お年玉」とか綺麗に筆ペンで書いてくれるんです。そういうことを何も文句を言わずにやってくれる人を見つけられて、僕は幸せ者だと思います。

僕はね、基本的に人は結婚したほうがいいと思ってるんですよ。いま独身の人も多くて、春風亭昇太さんなんか長年独身を謳歌して絶対結婚しないって言ってましたが、やっぱり結婚してから幸せそうです。

結婚はなにも子孫を残すために勧めるわけじゃなくてね、子どもが生まれてきてはじめて分かる親子の情感や育っていくときの嬉しさ、卒業とか節目節目の喜びを体感しないのは、単純にもったいないと思うんですよね。

僕はね、子どもたちがいてくれて、子どもが孫をつくってくれるって、それだけでもう大変な親孝行をしてくれてると思ってるんです。孫が遊びに来るとね、その瞬間ふわーっと気持ちが温かくなって、ちょっと説明がつかない嬉しさが広がるんですよね。ああ、こういうのが生きるってことだなとも思います。

小さな子はいつも思いがけないことをしてくれるんですね。僕が病気になると、絵付きの手紙をくれるんだけど、紙の半分以上に顔をでっかく描いて「これがジイジだ」とか言って。そういう一つひとつが、とっても嬉しいんですよね。

孫にはね、いつも何かいいことをするたびに200円あげてるんです。孫はそれを貯金箱にためていて、チャリンと入れてはガチャガチャッてゆすってなかの具合を確認する。「もう1万2000円になったよ」とか言って。

生きててよかったなって思うのは、そんな何気ない瞬間なんですよね。でもまあ1時間も相手してると、疲れちゃうんだけどね(笑)。

いまはお金がないから未婚の若い人も多いと聞くけど、落語の世界じゃ「ひとり口は食えないけどふたり口は食える、だから一緒になるのがいい」って言われてきた。お金がないからこそ所帯を持ったほうが食べていけるというのが昔の知恵。そこを分からないのは、生きるのが不器用なのかもしれませんね。

悪いこと言わないから、独り身の人は結婚しときなさい。なかなかいいもんですよ。

一番最初の人が一番いい

林家正蔵師匠は若いときにずいぶんモテてたみたいでね。おかみさんは押し入れから五月人形を出すときに、「ホントに嫌になっちゃう、この人形。これはうちのお父さんが好きだった芸者さんがくれた人形！　捨てるわけにいかないから飾るけど、もう嫌」ってこぼしてましたよ。師匠の家族を気遣って、お子さんにって五月人形を贈った芸者さんも粋ですよね。

プリプリしているおかみさんも芸者さんの心意気は知ってるから、5月の節句の人形は大事に保管をして、折々に飾っていましたね。

あるとき「おかみさんと師匠はどうやって出会ったんですか？」って聞いたら、「実家が寿司屋さんだったんで、うちの人がよく食べに来てたのよ。口説かれて物干し場に逃げた私を『カミさんにならないと突き落とす』って体を押すの。怖いから『いいですよ』って言っちゃったのよ」って。どこまで本当か、変な話だなあと思ってね（笑）。

下町のお寿司屋さんの娘さんだったおかみさんは、そんな縁で半世紀以上、師匠と一緒に苦楽を共にしたんだから、分からないものです。

うちの師匠がいいこと言ってましたね。

「歌を歌う子やなんかはよく離婚するけど、結局は一番最初の嫁さんが一番いいんだよ。二度目三度目はだんだん悪くなってくるに決まってるじゃねぇか」ってね。

この人は違ったな、もっといい人がいるはずだって結婚相手を変えていったところで、結局は最初の人に及ばないものなんですよ。自分もどんどん歳をとってくし。

うちのお弟子さんを見てても、いまの若い人は簡単に離婚しちゃう（笑）。昔の噺家は滅多に離婚しませんでしたね。それだけ人間が練れていたんだと思います。

イラッとしても、一度溜めてから発言する

家族で暮らしていると、お互いイライラすることってありますよね。

僕もかみさんがなんか言うと、「さっき言ったじゃないか！」って言い返しそうになることがあるんですよ。何度も「お父さんお風呂よ！」なんて言われると、「わかってるよ、いまは歯を磨いてるんだから。俺は順にやってるんだ！」って言いたくなるんですね。

うちは割合古めかしくて僕が入らないとかみさんが風呂に入らないんですよ。急かすくらいなら先に入ってくれればいいんだけど、必ず僕を先にと思ってるから、それで夜遅くなるとつい向こうもとげとげしくなるんですね。

そういうときには言い返さずに、「わかった」っていうひと言にしているんです。

言い返すと喧嘩になっちゃうし、自分も不愉快になるんでね。

まあいまは大人な対応ができますが、昔はよく喧嘩しましたよ。僕は気が早いほう

だから、のんびりして反応が遅いかみさんにイライラすることもあってね。そうやって苛立ちが伝わると、向こうも猛々しくなるんですね。

「勝手なことばっかり言って、お父さんなんかリヤカーに乗せて捨てちゃいますよ！」「そんなことできるわけないね」「やろうと思えばできますよ！」みたいな応酬になるわけです。家庭内の揉め事なんて、「早く食べないから冷めちゃったじゃないの！」とか「まだ出るのにお茶っ葉捨てちゃったの？」とか、そんな些細なことがきっかけなんですよね。

喧嘩すると、しばらくして何もなかったことにして、「晩ご飯早いほうがいいわね、お昼なんにも食べてないから」とか、自然に戻ってましたね（笑）。お互いとくに謝ったりはせずに。

この歳になって僕は、イラッとして何か言いそうになっても、一度言葉を溜められるようになりました。本当に言ったほうがいいことなのかどうか、ちょっと考える。一度、溜めてから発言するって家庭円満の秘訣じゃないでしょうかね。

かみさんには当たったなと思う

僕の大好きな噺に『鮑《あわび》のし』というのがあって、よく高座にもかけています。先代の柳朝師匠が得意にしてました。

甚兵衛さんという、ちょっと抜けたお人好しが主人公。お腹が空いているんだけど、お金がなくて米櫃《こめびつ》がからっぽ。この人におみつさんというしっかり者の女房がいて、町内の兄貴分から50銭借りて、それを元手に地主の家の婚礼に届け物をして、1円のお礼を貰おうと考える。だけど、せっかくの計画を甚兵衛さんが出かけた先でぜんぶしゃべっちゃって台無しになるという滑稽噺です。

柳朝師匠の高座は、テンポもとてもよくて、魚屋の親父とか甚兵衛さんとかおかみさんが素晴しいんですよね。それで稽古していただいたんです。

それ以来、半世紀以上の持ちネタになっていますけど、僕自身、どこに惹かれるのかなと考えると、まず、おかみさんが生き生きとしている。甚兵衛さんとの暮らしの絵が浮かぶんですよね。

この噺、僕の実生活ととてもよくかぶるんですよ。うちはかみさんがホントにしっかりしてまして、優しいんだけど怖いっていうか、締めるときは「お父さん！」ってきっちり言う。

たとえばうちが三鷹にあった頃、子どもが産まれたんで増築したいけどお金がないっていうときに、「お父さんこれ遣って」ってうちのかみさんが貯めてる30万を出してくれたんですよ。いつ貯めたんだろうと思って。そういうことが3、4回あったんですよ。

おかずやなんかをケチッてお金を貯めたんでしょう。朝なんか佃煮とお新香と豆腐の味噌汁くらいでね。ちょっと雰囲気的にはそういう女の人に見えないんですよ、おっとりしててもっと贅沢してるみたいな感じなんだけど、つましいんですよね。着てるものも10年前のワンピースまだ着ててね、大事にしてるんで古く見えないんですよね。だから僕はかみさんに当たったなとは思ってるんです。ノロケでもなんでもなくてね、実際何度も助かってるんです。

そういう僕の実生活と、しっかり者の女房の手のうちで遊んでいる甚兵衛さんがダブって見えるのが面白い。僕は落語ってそういうものだと思うんですよ。落語家が落語という作品をやるんじゃなくて、どこかで噺が生活と地続きになっている。臍《へそ》の緒がつながっているというかね。

落語ってそういうもんだと思うんです。

子どものために3年使う

江戸時代、大名は乳母に子どもを預けて、育ててもらってたといいますね。その結果、とても不思議な子どもが出来上がっちゃう。歴史を紐解けば、珍妙な規則をつくったりひどく残酷だったり、いろいろな殿様が散見されますね。

やっぱり親子というのは、しょっちゅう肌と肌が合って、おっぱいを直に与えて、叱ったりお尻を拭いてあげたり、愛情を注いでこそ絆が結ばれると思うんですね。ある意味、動物的な深いレベルの結びつきですよね。

いま、経済的に共働きをしなきゃいけない家庭も多いのでしょう、子どもを小さいときから保育園に預けて、働きに出るお母さんが多いという。けど、僕は親子の絆を形成する大切な時期に、たとえば0歳や1歳から施設に預けちゃうのが当たり前という状況には強い違和感を感じるんです。

貧乏にしろお金持ちにしろ、僕は3歳ぐらいまでは母親が手を掛けて自分の温もりで子どもにいろんなことを教えていくのが理想だと思っています。しっかり愛情を注ぐだけじゃなくて、人を叩いたら「ダメ！」って叱るとか、この時期、善悪の区別を親がきちんと教え込むってとても大事。

もちろん父親もしっかり育児をするべきなんだけど、子どもにとってお腹から生まれてきた母とのつながりって特別なものがあるんですね。

子どもを保育園に入れるのは、3歳を過ぎてからがいいと思うんだけど、現実問題、会社勤めをしている女の人が、出産しましたと言って3年会社を休むのは難しいのでしょう。3年休んで会社を辞めざるを得ないとしたら、そういう社会の仕組みは絶対に直した方がいい。

昔は家に常におばあちゃんがいて、お母さんが安心して子どもを預けて出かけることもできたんですけどね。いまは核家族になってそういうつながりが希薄になりました。

うちは孫が近所に住んでて、事務所にミカンが届くと、孫が自分も欲しいから僕の部屋で待ってたりするんですね。で、ミカンを分けて食べさせたりしてるんですが、そういう近場でのつながりが祖父母とあるといいんですけどね。

子どもってかなり小さいときのことも記憶していますからね。嬉しかったこと、良くしてもらったことは心の底の方に残っている。それが人柄を形づくっていくんですね。

とくに幼少期を大事にしてやるのは大人の役目。親は、自分の人生を子どものために3年は使う、と考えてみてほしいですね。

挑戦も挫折も子どもの感性に任せてきた

僕の子どもたちがまだ小さかった頃、三鷹に住んでましてね、よく阿佐ヶ谷のお寿司屋さんに連れていってました。

魚嫌いの長男（二代目林家木久蔵）に美味しいものをわからせようと思ってね。長男に聞こえるように僕がかみさんに、「マグロ食べちゃダメだよ、とっても美味しいからお父さんのだよ」なんて話してると、いつの間にかなくなってるんですよ。

あるいは、「これ食べたら本屋で好きな本買っていいよ」って。苦手なものも頑張って食べたら、本も1、2冊じゃなくてどっさり買ってあげたんです。そしたら子どもが驚いちゃってね。自分でどんどん美味しい魚を覚えていった。

美味しいものって値段の高い安いじゃない。お煎餅ひとつとっても、焼き海苔一枚とってもちゃんと美味しいものはあって、それを感じてもらうために、「本当にこれ美味いよ！」ってものを、いつも買ってきてましたね。

左が木久扇、右が木久蔵（二代目）

だから子どもたちは、美味しいものが自分で見分けられるように育ったと思ってます。食べ物に限らず、子どもの感性に任せて、なるべく自分で発見するように仕向けてましたね。

長男が高校生のとき「野球をやりたい、プロ野球選手になるんだ、巨人の！」と言っていた時期があるんです。「おまえだったら絶対なれる。タッパもあるし走るのも速いし、向いてるよ！」と言って、野球部に入るのを賛成しました。でも高校の野球部は弱いんですよ。そんな部活で球拾いばっかりやらされて先輩のユニフォームを預かって洗濯しているうちに嫌になって、自分から野球はやめました。

そういう挑戦も挫折も、子ども自身にまかせていました。

自由な感性に任せて育てたら、成長した長女は大のディズニー好きで、映画関連のグッズをアメリカまで行って集めるようになってね。いまじゃ『スター・ウォーズ』のお腹のところが冷蔵庫になったダース・ベイダーとか、高くても大人買いしてますよ。だから部屋じゅうオモチャだらけのオモチャ博士（笑）。

とにかく、僕の子育て法は、なんの強制もしないスタンスでした。

自由に育ててきたけど、僕は陰で防波堤になって、子どもたちにはなるべく世間の嫌なことを寄せ付けまいとして、守ってあげてきたところはあると思います。気づかれないように、わざとらしくないようにして。

親の役割は、それで充分！

「落語家になれ」と言ったことはない

うちの倅の宏寿（二代目林家木久蔵）にはね、一度も「落語家になれ」とか「なるか？」って言ったことがないんです。家に帰ればかみさん、仕事では長女がマネージャーだから、これで前座の長男が楽屋にいたら、息苦しくてたまらないでしょう（笑）。だから息子に落語家になってほしいなんて、少しも思ってなかったの。

ただ、倅は大学で演劇を専攻してたんで、もしかしたら親の仕事に興味があるのかと思って、一度大学の夏休みに鞄持ちをさせたんです。札幌での公演だったんだけど、僕の前の出演者がケーシー高峰さんだったんですね。

倅が一番驚いたのが、楽屋の雰囲気。演劇だと本番前は緊張で咳払いもしないのに、みんな直前まで冗談言ったり美味いもの食べた自慢をしている。で、倅は旅公演の高座を初めて観たんですね、ケーシーさんがドクターの格好して、ピンマイクをズボンのチャックに着けて出て、「倅、元気か？　母ちゃんも元気か？」なんてやってるのを。「なんでお客は笑うんだ?」と、倅はあきれかえっちゃってね。

でも次に僕が出て、また客席を沸かせてるのを見て、「ひとりで観客を笑わせられるのはすごい」って考えが変わっていったようです。

それがきっかけで、僕はひと言も言ってないのに、後日かみさんから、「宏寿が落語家やってみたいって言ってるけど、お父さん嬉しい?」って相談されて。

最初は続かないだろうと思って、とりあえず楽屋入りさせ、お茶出したり履き物揃えたりをやらせてみました。そしたらちゃんと４年間前座をつとめ上げて、僕の仲間やお弟子さんたちにもすごく好かれたんですね。

息子が自分で選んだ道でここまでやってこられたのは、ありがたいことだと思ってます。

イジメっ子には怖さを見せた方がいい

もし子どもが学校でイジメられたらね、大人が出ていってイジメた子を脅かしたほうがいいんですよ。

もうずいぶん昔の話ですが、近所のお祭りのときにうちの子どもが太鼓叩いてたら、少し年上の子に意地悪されてバチ取り上げられて、太鼓叩く番も取られちゃったんですね。

そのときは僕が出ていってバチをひったくって、ガツンと怒ってやりました。いまは大人が他人の子を叱らなくなったけど、弱い者イジメをしたら怒られるんだという怖さはきちんと伝えたほうがいい。

いまの親はとかく穏便にってトラブルを避けたがるけど、僕は子どもがイジメられたら「うちの子のどこが悪いんだ」って大ゲンカしてきますよ。

緊急事態のときに冷静な話し合いもへったくれもない。もちろん殴り合いこそしないけど、怒鳴り合いくらいはやります。時にはそういう本気を我が子に、相手の子に見せないといけないんじゃないでしょうかね。悪いことをしたら本気で怒ってくれる大人がいるって子どもに見せることって大事ですよ。

たいてい、イジメた奴はのうのうとしてるでしょ。イジメなんてしたらその分、あとから強いのが出てくると思い知るべき。何もしっぺ返しがないと、世の中をなめてかかって図にのるんです。

親や学校の先生が、「怖い存在」としての役まわりをきちんと引き受けて、絶対にイジメを許さない姿勢を示すことが大事なんじゃありません？

子どもの二面性を見抜きなさい

逆に自分の子どもが「イジメ」をしている、と学校から言われてショックを受けている親御さんがいるんですけどね、「こんな子だとは思わなかった」って。

まず冷静にイジメた理由や背景をきちんと聞くこと。ちゃんと優しい子どもに育てたのにイジメのような行動をとったとしたら、相手の子が曲がったことをしていた可能性だってあります。

たとえば他の子の消しゴムを取っちゃったり、上履きを隠しちゃったり、陰で意地悪したやつを正義感からイジメたとかね。やったことはいけないんだけど、そういう場合は、背景を踏まえたうえで教え諭す必要がある。

そうじゃなくて、相手が何も悪いことしてないのにただ気に食わないとか、自分がムシャクシャしていたから難癖つけてイジメていたとしたら、その子をもう本気で叱るしかない。僕の世代なんかは、弱い者イジメをしたやつはしつけのきちんとした家庭なら親父にぶん殴られてましたよ。いまは世の中的に虐待のほうが問題になるから体罰を肯定するわけにもいかないんだけど。

この場合、子どもに二面性があったということですね。子どもの世界と、親に向けた顔と、ふたつの顔を持っていて、それを親が見抜かなかった。

「見抜けなかった」わけじゃなくて、大人が子どもをよく見ていなかった。「見抜かなかった」んですよ。そこを猛省する必要はあるでしょうね。

平均的な勉強を押し付けちゃいけない

よく、子どもが勉強しないって親が嘆いたりしてるんですけどね。勉強なんてのは人それぞれのやり方や好みがあるから、僕自身は子どもがしないなら、しなくていいと思ってる。

親にできるのは、「何か芽を見つけてあげる」こと。

うちの小学校6年生の孫には、何か食べさせてやった帰りには必ず本を買ってあげています。どうも歴史が好きらしいんで、小さい頃から家の棚にもトイレにも歴史本を置いといたら、自然に手を伸ばすようになっていた。

僕はいっぺんも「読め」と言ってないんですよ。そこら中に本が置いてある環境のなかで、「何だろう？」と自分から興味を持ったんですね。いまや「長宗我部元親《ちょうそかべもとちか》が好きだ」とか言っていて、三国志にも夢中です。

平均的な勉強を押しつけないで、その子が興味を持ってることを察知してあげて、そっと応援するのがいいんじゃないかと思います。勉強を5科目、6科目平均で考えて、算数ができない、理科ができないからダメっていうのは親の判断で、子どもはたまたまいまはそこに興味がなかっただけ。そのかわりに何か好きなことがあればいい。子どもを大人の浅知恵で考えるのが一番よくない。

学校で、よく体育が嫌いな子いるでしょ。嫌いだったら休んでればいい。それだけの話なんですよ。

僕自身は勉強のことを親から言われたことはいっぺんもなかった。母はとても寛容でした。

むしろ、学校の勉強とはまったく関係ない絵を描いては、おばあちゃんにいつも誉められていました。

小さい頃、僕は日本橋の下町に住んでいたんですが、すぐ近所に明治座がありました。歌舞伎だけじゃなくいろんな芝居をやっている劇場で、1カ月の公演が終わって絵看板が降ろされる光景をよく見ていました。宣伝用の、何メートルもある大きい絵看板ですから目を瞠《みは》りますよね。

で、僕は自然と興味を持って、学校から帰るとその絵看板の模写をはじめたんです。看板絵を頭のなかで思い出しては、『宮本武蔵』や新派の『婦系図《おんなけいず》 湯島の白梅』とかを描いていた。

そうやって僕が描いたものを見せると、おばあちゃんはいつも「上手いね」って言って、顔をくしゃくしゃにして褒めてくれました。ご褒美にお煎餅とかグリコのお菓子をくれてね。

当時の下町は江戸の風習が色濃く残っていて、朝起きると「おめざ」って言って枕元にお菓子のおひねりがおいてあるし、3時には必ずおやつをくれたし、いま思えば、子どもへの手当がとても行き届いた町でしたね。

褒めて育てられた体験が、いま落語家であり画家であるという自分の生き方につながっているのは間違いありません。家で絵を描くのが僕の「勉強」だったし、その芽を育ててくれたのはおばあちゃんでした。

世の中は情実で動いている

親の親切心が仇となる、ちょっと考えさせられる話を聞きました。

ある男性がいて、その方のお父さんは地域の有力者で、大学受験のときに、お父さんが志望校の理事に働きかけたんだそうです。それが有利に働いて合格したらしく、その「裏口入学」をずっと後ろめたく思っているのだとか。

良かれと思ってやった親の口利きが子どもを苦しませる結果になっていて、もっと子どもの実力を信じても良かったんじゃないかと思います。

ただ、その男性にはね、そんな「心の重荷」は、背負ってるだけ疲れちゃうから、さっさと下ろしたらいいって伝えたい。

もちろん「裏口入学」なんてのは、「いい」か「いけないか」で二分すれば、いけないことですよ。でも一方で、日本の社会ってのは〝情実の社会〟なんですね。

たとえば、せがれが大学受験なら、学力と人間の程度から測って志望校を決めたら、僕ならその学校近くの寿司屋さんに通う。大学の教授たちが食べに来るから、細かい学内事情が寿司屋のご主人から自然と入ってくるんですよ。それがわりといい面接対策になるんですね。大学側が何を求めているかわかるから的確な返答ができたり、「え、どうしてそんなこと知ってるの?」ってことを話せたり。

あとは、その学校の出身者を探して内情を聞いたりして、つながりをつくる。つながりをつくるって、別にそれ自体は、後ろめたいことでも何でもないんです。

だからひとくちに「裏口入学だろう」といっても、そりゃお金を積んだとか試験点数を不正操作したとかなら問題ですが、親同士のつながりでその子への信頼度がアップしたなら、それはそれでひとつの「術」ですからね。受験が勝負事だとしたら、親御さんの「勝ち」だといえるでしょう。

世の中ってのは情実で動くんですよ。人と人とのご縁のなかで物事が回っていて、決して無機的なものじゃない。仕事の発注だって、出世だって、いやらしい話だけど利権のからむ案件だって、すべて私情が影響を与えている。その情の力学を学ぶことが、社会に出たらもっとも大事な科目だと言ってもいい。

だからあまり「裏口入学かも」っていうレッテルで自分を苦しめないで、「親父はうまくやってくれたんだな」って片づければいい。

それに、世の中、あんまり正しすぎるとしらけちゃいます。

僕ががんになって息子は目が覚めた

木久蔵は僕の弟子だけど、僕の息子でもあるので、やはり特別な存在ではあります。もちろん、基礎的な落語家の修行そのものはほかの弟子と分け隔てせずにやらせてきました。

だけど二ツ目になって以降は、じつはあまり教えたことがない。小朝師匠に指導していただいている。

それにはきっかけがありましてね。

僕が胃がん手術で入院したときに、木久蔵は「お父さんってずっといると思ったけど、死んでいなくなることもあるんだ」ってはじめて気がついた。それで自分から小朝師匠に噺の稽古を頼みに行ったんですね。それで小朝師匠にこれこれでと話をしたら「あ、お父さん死んじゃうと困るんだ」って返してくれた。面白い子だなって思ってくれたんでしょう。

それからは折を見ては助言して下さり、だから彼の演目には小朝師匠からすすめられたものが何席もある。小朝師匠のすごさは、自分が稽古つけてくれるばかりじゃなくて、「なんの噺やりたい？」って木久蔵に訊いて「じゃあ、あの師匠のところに行ってきなさい」って道を示してくれる。あるいは「今度はこの噺に挑戦してみよう」って課題を出して、「この噺はあの師匠のとこ行ってきなさい」ってすすめる。

うちの木久蔵は素直にそのとおり動いてたいそう稽古は忙しかったんだけど、おかげで真打になるとき噺を100席持っていた。いまはそれからさらに30席くらい増えている。

僕が、がんになったことによって木久蔵は目が覚めた。その瞬間に二代目木久蔵が誕生したなと思ってるんですよ。「お父さんって死んじゃうんだ」と気がついたことが、猛烈に稽古をはじめた区切りになっている。

親の役割って、究極的には、本人が目覚めるきっかけをつくってあげるだけなのかなって思うんですよね。

「お兄ちゃんなら大丈夫」――亡き母の信頼

うちの母は小唄のお師匠さんをやっていたので、晩年には家にはいつも三味線の音が流れていました。雑貨屋をやりながら、近所のおばちゃんをお弟子さんにとって教えていたんですね。

月謝は3000円くらいだったかな。話し好きで三味線を教えてからお昼に気前よく上寿司をとってお弟子さんにおごっちゃうから、月謝もらっていてもすぐ消えちゃう。そんな気風の下町の人でした。

24歳のときに結婚した母は、当時にしては晩婚でした。家事はからっきしダメで、ご飯を炊くのがヘタでいつも水の分量間違えてたし、お新香からはよくおしろいの匂いがしてたね。ただ、毎朝味噌汁のかつおぶしを削る音で目が覚めていたので、出汁はちゃんと取っていたようです。

戦前、実家は日本橋久松町で雑貨問屋をやっていたんです。同居してる父方のおばあちゃん、おばさんがいて、そのおばさんの連れ子がいて2階の一間に一緒に住んでいた。そこに番頭さんが3人通ってましたから、その人たちの朝ご飯もつくるし、連れ子の弁当もいるしで、母は朝だけで3回食事をつくってました。お昼はおばあちゃんと従業員とで済ませるんだけど、母の負担が大きいからと、父の考えで夜は銭湯に行ったあと夕飯は外食という家風だったんです。

近所の人形町には美味しい店がいっぱいあってね、中華の大勝軒《たいしょうけん》や洋食の芳味亭《ほうみてい》、喜《き》寿司などに親父がよく連れて行ってくれました。

母はとても発想が柔らかい人で、僕が上手い絵を描いて学校の教室に貼り出されるとすごく喜んでくれました。学校で父兄の面接があると、母がきれいにお化粧してやってきて、子ども心に誇らしかったのを覚えています。お祭りだと五目ご飯とかちらし寿司をつくってくれて、町のにぎわいに感応する人でした。

戦後、中央線の西荻窪に移ったんですけど、そこは下町と違ってお祭りのときも町ぐるみにはならず、そういう落ち着いたこぢんまりした雰囲気でした。当時はまだ食糧事情が悪かったので、母と一緒に小さなリュックサックを背負って千葉まで買い出しにいってましてね。家にあった反物を持っていって、お米とかトウモロコシと物々交換するんですよ。蒸気機関車が引く列車にはあふれるほど人が乗っていましたね。

一方、うちの父は「空襲ボケ」っていうんでしょうかね、空襲で雑貨問屋が全て焼失してしまい、気が抜けて何も仕事をしなくなって。子どもたちを食べさせなきゃいけないのに、母が困ってしまってね。

僕が小学校4年のとき、見かねた民生委員の人から「別れると国からお金が出るから、一緒に住んででもいいから別れたことにしたらどうですか?」って言われたんです。で、形だけ手続きしたら、近所の人たちから「もう別れたんでしょ?」っていろいろ言われて、本当の離婚になってしまったんです。きょうだい4人いたんですけど、父は妹ひとり連れて出て行きました。

そこからです、僕が小さなお父さんになって、家計を支えるために新聞配達やビラ配り、映画館のアイスキャンディー売りとかで働くようになったのは。

新聞配達では月に1500円もらってたんですけど、不思議だったのは、一番遊び盛りの子どもを働かせに行くのに後ろめたさもないのか、いつも母は平気な顔して朝4時半に起こしてたんですよ。冬は外が暗いし寒いし野犬に追いかけられるし、しかも西荻窪から荻窪の販売所まで、一駅ぶん走らなきゃならなかった。普通なら「大変だからもうやめていいから」って言いそうなものなのにね。

販売所まで行くのに、荻窪駅まで線路の枕木の上を走ると一番近いんですよ。自殺した人の血だまりがあったりして、それを消防署の人たちが清掃している光景を見たりしてたのもよく覚えています。

新聞配達は一日１６０軒も配ってました。とにかく量が多かった。当時は合同販売所だったから、１軒の販売店で朝日、毎日、読売、日経、日刊スポーツとか全紙扱っていたの。しかも雑誌の『アサヒグラフ』なんか取ってた家もあったからとにかく新聞が重くてね。それを高校卒業まで続けて、学費はずっと自分で払ってました。早くから自立して、自分の頭を使って稼ぐことを覚えたんです。

小学校の遠足で河口湖なんか行くと、駅から湖まで歩く道すがら酒屋を探すんです。当時は廃品回収で古新聞や空き瓶は高値で売れたんですよ。空き瓶を見つけて集めては酒屋さんへ持って行き、お金に替えていた。バヤリースオレンジジュースが一番高くて空き瓶が1本7円、ビール瓶は3円で、日本酒の一升瓶は5円でしたね。だから遠足の帰りには500円ぐらい持ってましたよ。

そうして稼いだお金を母に渡すと、「お兄ちゃん頭がいいね」って言って、新聞配達して稼いだ1500円を渡すときもニッコリ笑って、「お兄ちゃん偉いね」って。僕は母の喜ぶ顔を見たいから、長年そうやって渡していました。

小5のときだったか、あるとき母が口を開けて笑ったら、奥に金歯があったんですよ。「お母さん、金歯だね」って言ったら、「これを外してオカモト時計店で売っといで」と母が言い、売りに行ったら500円だったんです。口のなかの被せものを取ったままずっと、その頃の母は暮らしてた。母もずいぶんお金で苦労してたんだと思います。

僕は小さいお父さんをやってた感じで、もうなんでも母に相談されました。暮れに謝恩セールなんてありますよね。商店街でみんな同じ看板を立ててるんですが、うちはお金がないから参加できなくて、僕が看板の絵を描いたんですよ。サンタクロースとソリを描いて銀紙貼って。そんなことでもすごく僕は頼りにされましたね。

そんな親子関係だったからか、母は僕のやることをなんでも「お兄ちゃんなら大丈夫」と受け止めてくれましたね。

僕が高校2年のとき、役者志望がつのって俳優座の養成所研究生の試験を受けるため、学校の定期試験をサボって六本木の俳優座に行ったんですよ。審査員に東山千栄子先生がいらしてテストを受けたんですけど、丸刈りで詰め襟だったから、「高校出てからいらっしゃいね」って落とされました。それが母にバレたときも、普通の親だったら怒るんでしょうけど、母は一言「役者になるのかい？」って言っただけなんですよね。

僕が就職先の会社・森永乳業をいきなり辞めて、「漫画家の先生に入門する」って言ったときも、「また最初からね」としか言いませんでした。落語家になると伝えたときも、「お兄ちゃんはいつもまた最初からだね」って言っただけ。「おやおや」って感じで、僕のやる事に驚かなかったんですよね。

「お兄ちゃん、また最初からだね」って言葉は、僕が選んでやることなら大丈夫だろうと、母なりに信頼してくれてたんだと思います。母の大きな懐のなかで、僕は自由にやってこられた。

少年時代から働いていたことと母からの信頼が、自分なりの生き方を形づくったように思うんです。

落語のなかにふるさとがある

僕が好きな古典落語に、『湯屋番』という噺があります。商家の若旦那が勘当になって出入りの職人のところに居候をしているんだけど、そろそろ働こうかということになって銭湯に奉公に行く。それで、ご主人が昼御飯を食べる間だけ、番台にあがることになるけれど……という一席。

これは五代目柳家小さん師匠がよくやってらしたんです。あの体格で若旦那だと、前座の頃の僕が観てても「ちょっと若旦那じゃないな？」って感じだったんですけど、それが噺に入ると気にならない。もともとストーリーが面白くて、後半、主人公がお風呂屋さんの番台に上がって入浴客の批評をいろいろするんです。男湯を眺めて、あいつはあばら骨が出てて湯たんぽみたいだとか、毛むくじゃらで山のなかで猟師に鉄砲で撃たれちゃうとか、そういう比喩もよくできている。小さん師匠のあとは、お弟子さんの柳家小三治師匠が上手いんですよね。僕は小三治師匠に上野鈴本の楽屋そでで稽古してもらいました。

この噺に出てくるお風呂屋さんが、日本橋の浜町《はまちょう》という設定なんですよ。僕の生れ故郷です。そういうこともあって、噺の世界がパッと絵に浮かぶ。

僕の小さい頃は朝ご飯のおかずはお袋が味噌汁つくるだけで、あとは煮売り屋が来たんです、佃煮とかちょっとした総菜を担《かつ》いで。それで朝ご飯のおかずを整えたんですよね。戦争で焼けるまでは、江戸末期の風景がちょっと残ってた。だから『湯屋番』でも、裏の小唄のお師匠さんのところのお櫃《ひっ》からご飯もらってきて丸めて食べるとか、ああいう場面がとてもよくわかる。周囲にはホントに小唄や長唄のお師匠さんが住んでたし、三味線の音が流れていましたからね。

それから、僕の家は商店と住まいが一緒になった建物だったけど、外風呂でした。当時はそれが当たり前なんですよ。銭湯にいったついでによく夕食の外食に出掛けていました。

そういうユートピアは戦災で跡形もなくなってしまったけど、落語のなかにはいまも懐かしい町がある。そう思っています。だから『湯屋番』なんかは何回やっても飽きないんですね。

落語の名作っていうと、みんな『子別れ』とかなんとか言うけど、僕は小学校4年のときに両親が離別したあと母がたいへん苦労して暮らしてきたのを見てるから、そんな苦労噺は嫌なんですよ。

だから明るい、どちらかというと貧乏とはかけ離れた噺のほうが好きです。『目黒のさんま』『一眼国』とか『まんじゅうこわい』とか、ああいう現実からちょっと離れた世界が好きなんですね。こういう落語家がひとりくらいいてもいいでしょ？

第4章　お金のトリセツ

1982年、横山やすしらと「全国ラーメン党」を結成する。ラーメンの普及活動、実店舗の経営など高座以外でも注目をあびた。85年には中国への進出を目指し、日中国交正常化の立役者、田中角栄にも陳情をした。事業家としての顔ももつ木久扇ならではの、きちんと稼ぐための流儀から、情感溢れる生きたお金の使い方まで、実践的な知恵が満載。

田中角栄の「ものごとは数字だ！」

僕の一番大好きな言葉は「入金」。

「いつもいつもチャリンチャリン」なんて言うと仲間は笑うんだけど、人はそれが元で暮らしてるんですからね。昔は芸事に携わる人がお金や数字のことをいうと品がないって言われたものですが、いまやっと時代が追いついてきたと思います。

そういう実利的な数字にとても正直だったのが、田中角栄先生。82年に横山やすしさんと「全国ラーメン党」を結成したとき、ラーメンのロマンの旗を掲げて麺類の母なる国・中国にもラーメン屋を出店しようと、田中先生のところにやっと連絡をつけてお願いをしにいったんです。中国の食品関係者を紹介して下さいと頼みにね。

最初、田中先生はぜんぜん無関心だったんです。「忙しいのになんでワタシがラーメン屋の開店の手伝いをしなくちゃならんのだ。そんなもんのために日中平和友好条約を結んだわけじゃない！」って叱られた。元総理の方が怒ってるんです。もう大変な迫力！

ところが僕が話の半ばに「ラーメン党の党員は1万名おります」と説明すると、パッと田中先生の顔つきが変わったんです。「いまなんと言いました？　その1万人は私の応援をしてくれるんですか」って切り返されて、「君、そういうことは早く言いなさいよ！　ものごとは数字だ！」とおっしゃってね（笑）。

すぐに電話で中国大使館に紹介して下さって、中日友好協会の文化部にもつないで下さったんです。中国で山口百恵の歌が流行ってるからお土産にレコードを持っていったら喜ばれるとか、秘書の方からそんなことまで教えていただいた。本当にありがたかったですね。

全身激しさの塊でぐいぐい迫ってくる迫力にビックリしましたが、数字にものすごく敏感なリアリストでした。僕のお金に対する考え方も同じなんです。あのときはとても近しさを感じました。

もちろん角栄先生のエピソードは、寄席でも何回もしゃべってウケております！　座右の銘は「人生は入金だ！」ですね。チャリーン、チャリーン。

一日3万円稼ぐと自分に言い聞かせている

うちは実家が日本橋の雑貨問屋でしたから、小さい頃から集金したお金の勘定をしてる父親や番頭さんの大人たちの姿を目にしていたんですね。硬貨のチャラチャラした音がいまも耳に残ってるんです。

だから、「大人は外に出かけたらお金をもって帰ってくるもの」という意識が子どもも心に根本にありましてね。年齢はいまはもう80歳を超えましたが、その感覚は変わりません。

僕の考え方では、自分の仕事と弟子や家族のことを考えると、一日3万円稼がなくちゃダメだって自分に言い聞かせてるんです。

たとえばいま頼まれている原稿に6万円いただけるとします。これは僕の2日分の稼がなくてはいけない金額なんですよね。そうやって考えて、なるべく無収入の日をなくそうとしてやってきました。

絵の仕事を、たとえば表紙と中身のカットを描いて画稿料はいくらと言われると、編集の方と交渉するわけです。「もう少しカットを増やしてなんとかなりませんか」、無理なら「じゃ返本があったらもらえませんか？　僕が売りますから」って。

昔から、作家やものを創造する人がギャラの交渉をしたりするのは下品という風潮があるんですが、べつに僕は言いづらくも何ともないんです。そういうことが一番平気だったのは先輩の立川談志師匠でしたね。

とにかく凄かったですよ！　仕事の依頼があったときに「俺に頼むんなら幾らだよ」ってご自分ではっきり言う。自分で自分の値段をはっきりつける。落語家の仕事にプライドを持って安売りをしない。まあそこまではいいんです。

新潟のあるところで落語会の仕事を頼まれたときのこと。師匠出番です！って、もう出囃子が鳴っているのになかなか高座に出ない。それで、楽屋の出口の高座のそでに足をかけて「……あと5万だ」っていう。

間に入ったプロダクションが「はい？」って聞きかえすと「あと5万出ないと上がれない」って言う。ギャラの上乗せ要求です。もう出囃子が鳴っているのに！　これ、プロダクションの人は下手なこと言って「じゃあやらない」って言われると困るから「出します、5万」ってことになるでしょ。僕はその場にいたんですけど、出すという約束を取り付けて、ようやく高座に上がって行く姿、とてもじゃないけど真似できませんよ。

けど、そういう乱暴なかたちででも「自分の値打ちをあげろ」って周囲の同業者に見せていたのかもしれない。まあ意識的にいろんな伝説をつくっていた人ですから、真意はわかりませんが、とにかく印象的でしたね。

一方で反面教師は、正蔵師匠。「落語家は貧乏じゃなくちゃいけねえ」「噺家で金持ちになったやつはいねえ」「家を持つような中途半端な落語家はダメだ」とか言ってました(笑)。貧しいことが落語家らしさだという主義だったんです。

僕は絶対にそんなことはないだろう、と思ってね。自分のやってる落語でどんどん稼いで、手が足りなくなっても蜘蛛の脚のように手足をフル稼働して前に進んで行こうと思ってました。

しかも師匠は、ギャラをいただくとその半分を返しちゃってたんですよ、「こんなにもらっちゃいけません」って。返してくれるから、またそこの芸能社から仕事が来るんです。「正蔵さんは全部受け取らずに、半分返してくれるから」って。だから単価の低い、細かい仕事がずいぶんありましたよ。きょうだい弟子はみんな愚痴ってました。「カッコいいのは師匠だけだよな、俺たちは欲しいんだよ」って。

僕は弟子たちにそんな思いをさせたくないし、芸能事務所の人たちのことも考えなくちゃいけないから、どうやったらうまく稼げるかを常に考えて、お金の交渉もきちんとしますね。それって当たり前のことだと思うんです。

花よりお米

地方に落語の興行で行きますとね、フィナーレに花束をいただけることが多いんです。でも僕は、事前に担当者に「今日はお花の贈呈ありますよね？　じつは僕はお米がいいんです」って言っておくの。

で、当日出演者がずらっと並んで、若い人たちが花束をもらってるところで、僕だけ米袋をもらう。とてもウケるんですよ。他の人だと恥ずかしがるのかもしれないけど、僕は花より食べられるお米をもらったほうが、素直に嬉しいんです。

バブルの頃の話ですが、丸善で個展を開いたとき、北大路欣也さんが「個展やるんだって？　花は外に飾るのと置く花とどっちがいい？」って言って下さったんです。僕は「いや、お米をもらいたいんです。うちはお弟子さんがいてよく食べるんで、米俵を飾って、終わったらうちでいただきます」。「え、そんなんでいいの？」ってびっくりされてました。

そしたら本当に米俵を3俵下さって、会場に北大路欣也さんの札を差して飾りました。なかなかインパクトがありましたよ。

ちなみにそこでは、普通に絵を飾るだけじゃつまらないから、来場者のためにギャラリー寄席もやりました。会場にゴザ敷いて、「この絵のなかのどの噺をしてもらいたいですか?」って聞いて、５００円でお煎餅とお茶のセット出したりして。そういうちょっとしたことが元気の源にも、プラスの収入源にもなるんですね。

少年期に食べ物で苦労したせいか、僕は同じお祝いをもらえるなら、お米が一番嬉しいんです。

これをやったらいくらになるか考える

僕は子どもの頃からね、これをやったらいくらになるかって常に考えていました。戦後のものすごく貧乏な時代で、まわりには僕たちの暮らしよりもひどい上野駅の戦災孤児たちがたくさんいましたから、親がいて屋根があるだけマシな暮らし。とにかく自分で頭を使って稼ぐしかなかった。

小学4年生のときに西荻窪の映画館で売り子を始めたのも、風呂屋で知り合った映画館の息子と仲良くなって、映画の休憩中にアイスキャンディー売ったら儲かるんじゃないかと思って提案したんです。近所の和菓子屋のおじさんに商品を卸してもらって売りましたね。そうやって自分でちょっとした隙間を見つけては稼いでた。

子どものときに感銘を受けたのが、福神漬けの情報。

あれは昔、お盆のお供えの野菜を下げたものを集めて醬油で漬けたもの。余り物を漬物の商いにしちゃったところがすごいんです。二宮金次郎が薪を背負いながら本を読む話を聞いたときは、一挙両得というか、読書と薪の稼ぎを同時にやって得してるところに感心しました。

僕は昔話の『わらしべ長者』みたいな話も大好きなんですよ。一本の藁《わら》から始まって、親切を重ねるうちに、それが蜜柑《みかん》に変わり、反物に変わり、馬に変わり、最後はお金持ちの娘さんと結ばれる。まるで春風亭昇太師匠みたい！（笑）運が重なって、商売が転がるようにしてうまくいくときの本質をよくあらわしていますね。

あと友達の家も、あいつのうちは何屋か？ってのが重要でした。

中学時代の友達の木下くんはお惣菜の店でした。店番を手伝うと売れ残ったカマボコとさつま揚げをもらえて。よく煮れば練り物は2〜3日持つんですよね。また、僕は絵を描くから、余った紙をくれた文房具屋の子とも仲良くしたし、裕福な吉田くんの家には講談社の毎号の『少年倶楽部』があったから、僕の図書館がわりでした。昔の『少年倶楽部』は挿絵が綺麗で、分厚くて、娯楽の少ない時代の贅沢品だったんですよね。

そうやって友達関係も、実益とつなげていましたね。

逆に儲からねえなと思ったことはさっと避けてきた（笑）。

つねにアンテナを張っておくことで、隙間にも商売のヒントが見つかるし、友人関係のなかでも助けてもらえるんです。

日頃から気宇壮大な想像力を

アタマを柔らかくして発想を転換すると、思わぬ商売の種が見えてきたりします。たとえばいま、長年の乱獲や水温上昇の影響で、イワシやアジやサンマの漁獲量が減ってきたというニュースをよくやっています。大変だなぁで思考を止めるんじゃなくて、その状況を悪化させてる原因を調べていくと、じつは大食らいのミンククジラに行きつくんですね。なんせ、１頭で食べる1日の魚の量は１３０～３００kgくらい。その年間の摂取量たるや、想像もつきません。

クジラは多産でどんどん増えていくから、クジラを食用として転用したら素晴しく効率がいいんです。国際的な議論はいろいろありますが、日本では２０１９年商業捕鯨がようやく再開されました。計算するとミンククジラ1頭から牛17頭ぶんの肉が採れる。かりに牛を17頭、牧場で飼育した場合、それを世話する牧童から、呑ませる水・飼料までたいへんな手数がかかりますが、クジラは勝手に海を泳ぎ回って自分でエサを食べて増えてくれるから、ものすごくエコなんですね。

専門家には笑われるかもしれないけど、僕は将来は「海洋牧場」をつくって、クジラが自由に泳ぎながら食用になっていくような地球規模の仕組みをつくったら、世界の食糧問題が解決できて、手がけた国は大儲けできるんじゃないかと考えています。

馬鹿なことを言ってると笑われるかもしれないけど、僕は日頃から現実離れした思考にストッパーをかけないんです。気宇壮大に、想像力を広げるだけ広げる。海洋牧場だとか、宇宙遊泳だとか。昔の人は空を飛べるなんて思ってもいなかったでしょ。どこまで大きな夢を考えられるかなって想像すると、ワクワクしますよね。

そんなこんなが、本業である落語にもフィードバックするんです。

たとえば『蛇含草《じゃがんそう》』なんていう、不思議な薬草を食べたら、お餅を食べすぎた人間だけがキレイに溶けてしまって、お餅が着物を着て座布団の上に座ってた、なんていう落語があるんですけど、そういう噺にすっと入っていける。

普段、真面目な発想ばっかりでは、こういう噺の面白さをつかみ損なっちゃうんですよ。そういう意味で、僕の場合、何をしても「落語の稽古」になっています。

ストーリーがお金を生む

仕事で地方に行くと、「町おこし」をしたいけど、どうしたらいいのかわからないって相談を受けることがよくあるんですね。うちの地方は貧乏だしなんにもねえ！」ってガッカリしてるんですけど、町おこしに一番大事なのは「ストーリー」なんです。すごい観光名所とか伝統芸能がなくたって、いまは魅力的なストーリーがあれば、どんなに遠くても人が訪ねて来る。とくに若い女の子なんて、ＳＮＳで情報を仕入れてすぐ行動に移しますし。

テレビを観るとわかりますけど、自転車とかバイクを使って街道を行ったり田舎に行く番組が多いじゃないですか。人はどこかを訪ねて行くのが好きなんだけど、そのためには訪ねる「きっかけ」をつくってあげる必要がある。

たとえば僕が面白いと思ったのは、ハワイのオアフ島の北にサーフィンをするスポットがあって、そこで大成功している日本人のカキ氷屋さんがいるんですね。「マツモトシェイブアイス」っていうんですけど、戦後、ハワイ移民労働者だった松本さんが、「サトウキビ畑で働く労働者は、一日中炎天下で働いてのどが渇くだろう」ってカキ氷を売りはじめたのが始まり。ワイキキから車で45分くらいかかるのに、いまやサーフィンやらない人も、このカキ氷を食べにわざわざ車で行く。

シロップは全部手造りで、名物はレインボー。ストロベリーの赤とレモンの黄色とパイナップルの青がすごく洒落てて、「インスタ映え」するんですね。「日本人が地元のサトウキビ労働者のために」ってはじめた歴史がいいし、虹色のカキ氷を食べることがハワイの特別な体験になっているんですね。そこに行って食べることが、誰かに伝えたくなるようなストーリーになっている。

それから同じノースショアで、鶏をまるごと鉄棒に刺して炭火で焼いている「フリフリチキン」っていう名物があるんですよ。これは週に何日かトラックが浜辺に来て、その荷台で焼いて食べさせる。

日本では焼鳥っていうと小さな竹の串に一口サイズの肉がついたものだけど、フリフリチキンは長い鉄の棒に串刺しにされた大きな鶏が何羽もグルグル回っていてダイナミック。絵的にすごく面白いんですよ。煙がもうもうとたって丸ごとグリルされている鶏の鉄の串を抜いてもらって、熱々のものを食べる。写真も映えますよね。するると、焼鳥自体は珍しくなくても、「私、行ってきたわよ！　こんな長い焼き場があって下が火でもうもうとしてて、洋服が煙でくさくなっちゃって」って、そこでの体験がストーリーになるでしょう。

誰かに話さずにはいられない物語が生まれてるんですね。

町おこしに限らず、何かを商うことの本質は、いかに魅惑的なストーリーを提供するかにかかっている。そこに来てもらったり買ってもらったりすることが、あとで人に伝えたくなる「話の元」になるようにするって、すごく大事。

名所を誕生させるには、ストーリーで活性化！

投資のコツは世の中の潮目をみる

僕はお金のことをよく話すものですから、投資が上手いんだと思われがちなんだけど、ずいぶん失敗もしています。

証券会社の人が来て、「これからは絶対インドが成長する」と言われてインド株を買ったらこれが伸びるどころか損したり、象を輸入して観光で儲けようとしたらワシントン条約に引っかかって輸入に失敗して大損しちゃったり（笑）。やっぱり、自分の理解が届かないところにお金を出すのってダメなんですよね。

投資って、意外に身近な情報から拾っていったほうが打率がいいんですよね。

たとえば僕は、がんの治療が終わっても毎月、ケアのために通院してるんですけど、近頃は担当の先生が漢方薬も処方してくれるんですよね。そこで見渡してみると、一昔前とちがって、西洋医学と東洋医学を併用してる大学病院がとても多い。漢方薬の会社の元気がいいんですね。

そこから考えて、その会社（ツムラ）の株を買ったんです。そしたら急には伸びないんだけど少しずつ株価が上がっていってね、いまは買ったときよりよっぽど値上がりしてるんです。そういう情報は、ニュースとかじゃなくて、通院するなかで実地で拾って判断した。

それから娘はディズニーが好きだから、株主優待の招待券が欲しくて日本でディズニーランドを運営しているオリエンタルランドの株を買いました。僕は本場アメリカのディズニーランドにも行って、あの会社が『スター・ウォーズ』の権利を買い取り自分のマーケットに入れたりして、ディズニーもどんどん刷新しているのを知ってましたから。これが当たりで株価がとても上がったんです。

映画に関していうと、昔は日本も映画産業に力があって、東映のチャンバラ全盛時代は、大衆向けのチャンバラ映画だけじゃなく「東映まんがまつり」なんてのもあって、すごく儲かっていた。以前は僕も東映の株を持ってたけど、いまは潮目がちがうでしょう。若い人たちは映画だったら『アナと雪の女王』のほうに行く。そういう変化を感じ取ることは大事ですよね。

日常生活のなかで、たとえばスーパーで奥さんがどんな買い物をしているか、奥さん同士がレジに並んでどんな話をしているか、そんなところからもいろんなヒントを得られるんじゃないかと思います。

最近、僕が使ってる部分入れ歯用のポリデントを作っている会社が歯間ブラシを出したんですよ。通常歯ブラシだけでは61%しか除菌ができないということで、使いやすい歯間ブラシを開発して、普通の歯ブラシも奥に届きやすく改良した。その2つを使うと81%まで除菌できますって広告を出してる。この分野はこれから上がると僕は予想しています。そんな風に日常生活のなかから情報を拾っていって投資をすれば、株の楽しみも広がるんじゃないでしょうか。

さっきインド株の失敗話をしましたけど、そもそも勧誘に来る人は印刷されたパンフレットを持ってくる。印刷物にしているってことは、たくさんの人に勧めてるわけで、そんなの絶対投資にならないですよ、冷静に考えればね。

だから自分の嗅覚を働かせて、人がまだあまり気づいていない、伸びしろのある株や信託を見つけていくことが大事。それが投資のコツです！

「面白かった」のなら失敗しても後悔はない

林家木久扇っていうと「ラーメン」のイメージがあって、『笑点』でも長年宣伝してもらってるんですけど、わが愛するラーメンで大損したこともありましてね。

平成元年、スペインにラーメン店を開いたんですけど、これが大失敗して7000万円くらいヘコんでしまったんです。その頃、僕は「ラーメンを世界に広げたい」という壮大な夢を持っていまして、ほうぼうでしゃべっていたら、僕の「ラーメン党」に出資してくれている人の友達が、スペインで柔道の道場と日本食の店をやっていて、これが成功していると言うんですよ。

で、そのひと経由で、バルセロナのタウマニア通りっていう、日本の青山通りみたいなところに居抜きの店があるから、そこでラーメン屋をやってみないかという話になったんです。そのとき我がラーメン党には出資者が5人いたので、共同経営で、お金を出し合ってやろうと。現地調査をしたり、打ち合わせをしたりしたんだけど、向こうに行くと昼御飯時でもなんでもワインが出てくるから、打ち合わせのたびに盛り上がっちゃってね、これはきっと行けるぞって（笑）。

あと現地の女性の接客が日本と全然違うんです。たとえば飲みに行ってクラブに行くと席に女の子がつくんですが、女の子はテーブルの売り上げのマージンで生活してるから、とっても親切でサービスがいい。だからみんな舞い上がっちゃってね。こっちに店を持てば、こういう場所にもちょくちょく顔出せるからいいじゃないかって。

それで、実際に動き出したら、ワインを置かないと客が来ないというから、役所にお酒の販売の許可をもらったり、店を改装したりと、そりゃもう大変でした。一番苦労したのは水で、あちらは水道水が硬水なんですよ。硬水はラーメンにはまったく向いていない。メンマなんか茹《ゆ》だらないし、麺も美味しくならない。それで浄水器を入れなきゃいけなくなったり、ワインのための地下貯蔵庫が必要になったり、思いがけない出費が重なりました。

店内の雰囲気は日本風にして、東映時代劇の『旗本退屈男』とか『遠山の金さん』のポスターを額に入れて飾ってみたりね。それでようやっと「カサ・デ・ボスケ・キク」という店をオープンしました。

お客さんは来たんですよ。けど、なかなかラーメンを食べないの。ワイン飲みますしね、スペイン人って基本的に猫舌なんでラーメンが冷めるまで待ってるんですよ。さっさと食べて出て行かないから、さっぱり客が回転しない。

バルセロナにオープンしたラーメン店

しかも店員がシエスタ（昼寝）をしちゃう。なんで昼寝するんだよって言っても、それがスペインの伝統ですからね。こっちもずっと現地にいるわけじゃないから、コントロールできない。

そんなこんなで、7000万円の損を出して、僕は撤退しました。

でも、格好つけるわけじゃないけど、いまも後悔はしてないんですよ。あのときは「行けるぞ」って自分の気持ちがはずんでたから、行動に移せたわけで、あれはあれで僕の人生のなかではよかったと思っています。成功はしてないですけど、とても面白い経験ができたから。

人生って、あとから振り返って「面白かった」と思える経験がいくつあるか、それが宝だと思うんですよ。だけどシエスタにはまいったなあ……。

お金は使わないと、入ってこない

僕はお年玉用だけで、毎年70万ぐらいピン札を用意するんですよね。前座さん、お囃子さんと、行く先々の人に正月三が日中に会ったら、「林家木久扇」って刷ったポチ袋に入れて差し上げているんだけど、3000円ずつでも興行の人数が多いから、そのくらいいっちゃうんです。

平成31年4月、いまの圓歌さんの襲名披露の落語会に呼ばれて行ったら、お囃子のおばさんがふたり、前座さんが3人いらして、圓歌さんがご祝儀を切っていた。僕はゲストだから彼らにあげる必要もないんだけど、僕の支度をなにかと手伝ってくれる人たちがいて、こういう場合ちょっと迷うんですよね。

あげたほうが気前がいい師匠と思われるし、前座さんが元気になる。ま、あげたほうがいいやと思ってね。手持ちに細かいのがなかったので、5000円渡して「これみんなで分けて」って渡しました。帰りの道すがら、みんなが喜んでいたからあげて良かったって心から思いましたよ。

お年玉もやたらにバラ撒いてるように見えるかもしれないけど、なにも見栄を張った無駄遣いじゃないんですよ。「どうもありがとう」ってさっと渡したら、「これ『笑点』の木久ちゃんにもらったんだよ」ってまわりに話すでしょう。大人になるとあまりお年玉なんてもらわないから、童心に返ってみんなすごく喜ぶんですよ。渡したほうだって心が晴れやかになって気持ちがいい。

そこで生まれた良い気は、必ずめぐりめぐって自分に返ってくるんです。

お金の本質ってつねに流れていくもの、回っていくものなんです。いかに使うかに人間の器量があらわれるといってもいい。貯め込むばかりの人には、お金も良い運も入ってこないんですよ。

金運を上げたかったら財布を整理する

お金のほうから寄ってくる人になりたかったらね、物理的にお金と親しくすることが肝心なんです。

まず財布を整理すること。いろんな会員券やクーポン券や、使いもしない割引券のあれこれがずっと入ってやしませんか。財布の縁もよれてるでしょ。そういうのが貧乏を呼ぶんです。

薬局なんかでよく渡されますよね、何回ハンコ押したら５００円引きみたいな券。たまって使えたためしなんてないでしょう。さっさと抜いて捨てちゃいなさいよ。財布のなかのレシートやら紙切れは溜め込まないで捨てたほうが、次のいい縁を呼び込めるんです。

お札はできるだけピン札を持つほうがいいんですね。ボロボロのお札を忍ばせてると、出し入れするときに気持ち的にあんまり愉快じゃない。ピン札だと指の切れそうな縁《ふち》の感触が心地いいし、重なって出さないようお金を丁寧に扱って確認するんですね。出されたほうも気持ちいいですし。もっと言うと、財布も毎年替えたほうがいいくらい。新しい財布って持ってると気持ちいいんですよね。ピン札を綺麗にしまっておけますし。

そういうささやかなことでお金に対する心構えが変わって、お金を呼び込める体質になるんです。けっこう自分の口座への入金が違ってきますよ、本当に。

お小遣いを渡すときは驚きが大事

寄席の世界には、トリをとると、前座さんや後輩に祝儀を切る慣習があります。僕は祝儀と言わず「お蕎麦代」とか「コーヒー代」って言ってるんですけどね。これは正蔵師匠がポチ袋に「お蕎麦」と書いていたのに倣ってます。寄席の興行は10日区切りで「ひと芝居」といいまして、初日、中日、楽日の3回、トリの落語家がみんなにご祝儀を渡すんです。

そのとき、僕は2000円の新札をポチ袋に入れて、用意しとくんです。「お茶飲んで」って楽屋でお小遣いを配るとき、「え？」っていう驚きがあるように、あまり流通していない2000円札を新札で入れておく。

みんなすごく喜んでくれてね、もらった人は大事にとっておくんですよ。

それからお正月は、真打が楽屋にいる前座さんみんなにお年玉を渡す慣習があります。

そのとき、「このくらいくれるだろうな」と相手が思ってる倍近くあげるんです。2000円出すところなら3000円、3000円のところなら5000円、僕は渡すようにしている。

僕がまだ前座の頃、一龍斎貞丈という講談の先生がいて、5000円下さったの。当時の5000円は、前座の給金が2日で250円あたりでしたから、大金ですよ。それでやっぱり貞丈先生は大人物だった、という印象をずっと持っています。

林家三平師匠も5000円下さる方でした。僕が浅草演芸ホールの昼の立前座《たてぜんざ》と、上野の鈴本演芸場の夜の立前座をやっていたとき、三平師匠は浅草の楽屋で僕にお年玉を下さって、夜になって上野に行ったら、夜の部出演の三平師匠がまたポチ袋を下さるんですよ。

「昼間に浅草でいただきました」、「いや、いいんだよ」ってね。だから僕は三平師匠の印象がすごくいい。お年玉を二度いただいた恩っていつまでも忘れないですよね。

逆にもらってなかった人のこともずっと覚えてるの（笑）。前座から二ツ目になるとき、必ず楽屋のみなさんがお祝いを下さるんだけど、それをしなかった人がいるんですよ、すっとぼけちゃってね。そういう先輩のことって鮮明に覚えてるもんなんです。

その人を反面教師にね、僕は、お祝いや祝儀を決して出し忘れることがないよう、いまでもカケブレ（寄席の出番表）が発表になると、前座さんの名前をメモして忘れないようにしています。

お金のことって、後々まで記憶に残るから、そこをケチると結局は高くつく。お祝いのやり方ひとつで、人間の株が上がりもすれば下がりもするんですね。

家族でも感謝の気持ちはお金で示す

家族のあいだでも、感謝の気持ちは「きちんとお金でお祝いして伝えること」が大事だと僕は思っています。

かみさんの誕生日に、僕は洋服を選んだりしてあげられないから、お祝い金を渡すんですが、相手がこのくらい貰えるだろうと思ってる倍はあげるんです。10万円くれるのかなって向こうが思ってるとしたら、20万あげる。ちょっと多いかなとは思っても、「まあ、普段世話になっているからいいや」って。そうするとびっくりして、すごく喜ぶんですね。感謝の気持ちが3倍にも4倍にもなって伝わるんです。

先日、家族でタイ旅行に行ってバンコクとパタヤビーチをまわってきたんですが、地元で一番いいホテルをとりました。最高級のホテル代といったってハワイみたいに一泊7万も8万もしませんよ、じつは2万程度なんです。一番広い部屋をとって「いつもお疲れ様」って感謝の言葉をかけると、家族が喜んでくれるんですね。

お金ってのは、相手の想定を超える使い方をすると、より活きるんです。

うちの娘は僕のマネージャーをやってくれてますが、時々大きい仕事を取ってきてくれるんですよ、自分の腕と人脈で。そういう成果に対して、彼女には必ず臨時のボーナスを出しています。

家族だからといってなあなあにしない。感謝はちゃんと形で示したほうがいいんですよ。

お金の使い方に情の厚さが現れるんです

長く生きてきたなかで、正蔵師匠ほどお金の使い方が洒脱な人はいませんでしたね。師匠の弟子に、林家時蔵（のちのはやし家林蔵）さんがいたんです。三遊亭金馬師匠（三代目）が亡くなられてから頼ってきた人でね、怪談・芝居噺の道具作りがとても上手かった。釘をくわえて金槌でスッと、道具に手際よくカンカンカンと打っていく。それを見て師匠は「あいつは偉いな」って褒めてました。「どこが偉いんですか？」って僕が聞くと、「バカヤロー、釘くわえてるだろ、ああすると打ち込んでから釘の先がツバでさび付いて抜けなくなるんだ、それを知ってやがる、偉れえよ」って。そういう何気ないところも見てるんだなと感心しましたね。

時蔵さんは僕のちょっと上の先輩なんだけど、彼が真打になるときに、「身寄りもいねえし、客もいねえし、かわいそうだ」って、師匠がぽんと100万円の祝儀をあげたんです。

本当にびっくりしましたね。普通、自分の弟子へのお祝い金なんて３万円くらい。それを支度の足しにって１００万円渡す人なんて聞いたことありません。しかも昔の１００万円ですよ。

あいつはかわいそうだって、家の背景を全部わかったうえでお金出してね。時蔵さんはよくいろいろな怪談噺の道具を師匠が高座で使えるように作り直していたので、そうやって尽くしてくれたことに対する師匠流のお返しだったんだと思います。

師匠のおかみさんはずっとこぼしてましたよ。「お父ちゃんは、うちにお金がないのに時蔵に１００万円あげちゃった」って。家賃１万円の長屋暮らしなのに、決めるときはぱっと決めるわけ。度量の大きい、本当に情に厚い人でした。

もうひとつ印象的だったのが、いまの円楽さんがまだ楽太郎だった頃、真打になるときうちの師匠のところに挨拶に行ったんですね。そしたら「おめでとう　楽太郎師匠」って書いたポチ袋がすでに用意してあった。当時、圓楽一門は落語協会を離れていたから、協会を出ていった人に正蔵師匠が祝い金を渡すいわれはないんです。でも、あいつはきっと挨拶に来るだろうって思ってご祝儀を用意してあげてるんですね。円楽さんはいまだにずっとこのエピソードを語っていますよ。

師匠がそうやって人生の機微がわかるお人柄だったのも、ご長男を結核で亡くされていることと無関係ではなかったと思います。だから、弟子のこともすごくかわいがって、大事にしていましたね。

そんな師匠には、亡くなった後にまでびっくりさせられましてね。

なんと遺言で、兄弟子の文蔵さんや弟弟子たちに葬儀にかかった費用だと思って30円万ずつ分けてやってくれって。遺言で金子を配る師匠なんていませんよ。

ところが僕のところには配られないから、「まだもらってないんですが……」って遺族のご長女のところに伺ったら、「やだわ、あんたと紙切りの正楽さんは売れてるからいいのって、お父さんが言ってたのよ」って。

そりゃそうだ、ともう大笑い。師匠ほど情のある、生きたお金の使い方をした方はいません。

第5章

人間について——忘れがたき人

早くからマスコミで活躍していた木久扇は、『笑点』（69年〜）のほか、TBS『モーニングジャンボ』（72年〜）など人気番組にレギュラー出演。番組内外で人脈を広げた。なかでも、子どもの頃から銀幕で憧れていた片岡千恵蔵、嵐寛寿郎らとの対面は嬉しさもひとしおであった。木久扇の人生に影響を与えた、いまは亡き恩人たちとの珠玉の思い出。

苦手な人ほど名前を呼ぶといい

人間関係の肝ってのは、気のあわない人と、どう上手くやっていくかということですよね。

僕が長年やってきた心がけのひとつは、挨拶するときに頭にその人の名前をつけること。「イトウ課長、おはようございます」とか、「イトウさん、お元気そうですね！」とか。わかっててもあえて付けるのね。

人というのは注目されてるといい気分になるんです。名前を出されると誰だって悪い気はしないでしょ。

苦手な人に対してこそ、名前の呼びかけを意識的にやってあげると、関係がうまくいきます。

あと人間ってのは、嫌な人に会うと、たいてい顔に出ちゃう。するると、相手も「こいつ嫌ってるな」って気がつくから、話すときは顔じゃなくて額を見るといいんです。目を見ることを避けて、少し視線を上にしたほうが顔もこわばらなくなりますよ。

　僕が客席を見ながら落語をしゃべるとき、お客さんは自分と目が合ってると思っていらっしゃるでしょうけど、じつはお客さんの額を見てるの。あるいは、テレビ収録のカメラに向かってしゃべるときは、レンズのちょっと上を見てるんですよ。でもテレビではちゃんと正面を見ているように映る。もちろん、別にお客やレンズが嫌いってわけじゃないんですけどね、このほうがこちらもリラックスして自然に話せるんです。

　そうやって名前で呼びかけたり、額を見て話したりする。こういうちょっとした工夫で、気の合わない人ともうまくやれるものなんです。

ふれることで言葉は何倍にも伝わる

いたって簡単なことなんだけど、信頼関係のある人同士だったら、ふれることが潤滑油になるんです。そういうスキンシップ、欧米人はうまいですよね。「しっかりしなきゃダメじゃないか」なんて言うときにポンと肩を叩くとか、背中を軽くさすってあげるとか。そういう動きが自然と会話のなかに入ると、気持ちがほぐれるんです。さわられるほうだって悪い気はしない。

同じ空間にいて、何かと突っかかってきたり、反発したりするような人は、心のなかに寂しさを抱えているんですよ。本人もわかっていない苛立ちが根底にあって、人にぶつかってきたりする。そういう人には、ちょっとさわってあげることで、「大丈夫だよ」っていうメッセージを送ってあげればいい。

小さい子どもをはげましたり、あるいは「しっかりやりなよ」って言うとき、頭をさわったり肩に手を置いたりするでしょう。何かを言い聞かせたりするとき、手を握って話すとよく伝わったりするでしょう。そういうことの延長なんだけど、ふれることで人はほぐれるし、言葉は何倍にも伝わるんです。

これってお年寄りも同じでね、たとえば認知症の人に介護する人や家族が日頃から手をふれて話しかけるだけで、心が安定して問題行動が減るんだそうです。人はふれられるだけで、自分を温かく承認してもらえた気持ちになるんですね。そういう生き物なんです。

人の資質は何気ない所作ににじみ出る

落語家になりたいという人や、楽屋入りしたばかりの人が、これから世に出る「何か」を持っているかどうか。正直、入門志願者を見て全部がわかるわけじゃないけど、僕なりに大切にしているポイントはあります。

まず初対面で僕は何をみているかというと、「顔つき」です。目に力があるかどうか、見ていて面白いかどうか、人前に出るうえでこれは大事な要素ですからね。

あともうひとつは、「しゃべり方」。

これは流暢《りゅうちょう》にしゃべるかどうかじゃなくてね、とっさの受け答え、そのやりとりのなかに、「何か光る原石」があるかどうかなんです。

たとえばうちの弟子の彦いちは、最初に会ったときに「なんで僕のところに入門したいの？」って聞いたら、「学校（国士舘大）から近かったんで！」。そういう身も蓋もない感性が面白いなと思って採ったんですね。

それからひろ木っていう子が僕のところに来たときは「渥美清さんが死んだので、あとは師匠しかいないと思います」って言うの。「そう。だけどおれ、コメディアンじゃないんだよ」って言ったらね、「あ……あぁ」ってすごく驚いたようなリアクションをとってね。その間合いが何か面白かった。それで採ったの。

こういう最初のリアクションってけっこう本質が出るから、大事なんですよ。

総領弟子のきく姫を採ったのは、もう30年ほど前になるんだけど、ある日、ピンポーンって玄関のベルが鳴って、どこかで人に聞いて調べて家にやって来たんです。「いませんよ、留守ですよ」って言ったら、向こうで「えっ……あの……」とか言ってる。「いない」って言ってるのが本人の声だってばれちゃってるのが、インターホン越しにわかるんです。はじめは居留守を使ったりしてたんだけど、何度も頑張って通ってくるので会うことにしてね。

本当は、一番上のお弟子さんが女の子じゃ困るなと僕は思ってた。落語家は基本的に男の職業ですからね。だけど、話していると、彼女は「いやんばか～ん」の「セントルイス・ブルース」にばかに反応するんです。この曲知ってるのって訊いたら、高校でアルトサックスをやっていたという。じゃあ落語じゃなくても、音楽か何かで世に出られるんじゃないかなと思って採りました。

あともうひとつというと、若い人の芽っていうのは、何かをキャッチしたり刺激を受けたときのリアクションや、人にたいして働きかけをしたときの動きにふと垣間見えるんですよ。

たとえば演技のテストなんかでも、おにぎりを1個渡して「それを取ってお客様に渡すとき、なんて言う?」と訊いてみると、すぐにわかります。

「どうぞ」なのか、「温かいですよ」なのか、「お茶も一緒にいかがですか」なのか。簡単なことだからこそ、そうやって実際に動いてもらうと、何気ない所作のなかに、その人の言葉作りの巧みさや世渡りのうまさ、正直さや純粋さといったいろんな資質が見えてくる。

そこに芸として磨いていける面白さがあるか、芸人を続けていけるだけの人間性があるかがにじみ出るんです。

器量は「良くする」もの

先日、ある就職活動をしている女子学生さんから、周囲を見ていると「ルックスのいい人からどんどん就職が決まっている。自分もはやく内定を取りたいけれど、世の中は不公平だ」と愚痴をこぼされたんですね。

彼女の気持ちはよくわかるけれど、世の中は不公平だからそういう現実の側面もあるんでしょう。俗にいう「顔採用」ですか。

誤解のないようにお伝えしたいんだけど、やっぱり「見た目」って大事なんですよ。「見た目」にその人の内容が出ますから。

企業の場合、とくにブランド品や化粧品やアパレルとかっていうのは大々的に広告を打って、イメージから世間に売り込んでいく。むしろイメージが商品だといってもいい。だからそこに関係する社員さんも小綺麗な人が求められるんですね。業種によって、採用する側の要求に応える必要はある。

ただね、芸事の世界からいうと、そもそもの作りが並の器量だとしても、舞台でびっくりするほど色気があって魅力的な人ってけっこういるんですよ。

心のオシャレというか、言葉遣い、立ち居振る舞い、気品、教養、そういうものがどんどん人を綺麗にする。

別に役者じゃなくたって、日常的なことでいえば、口にものを入れたまましゃべらないとか、レストランに行ったら早食いしないで食事と景色を楽しむとか、余裕をもって、いつも自分のためになることを心がけているだけで差が出てくると思います、いわゆる美人じゃなくても。

とくに女性は見られることで磨かれる部分があって、きちんとした振る舞いをしているという意識が、実際、人間を綺麗にするんですよ。それが自信にもつながりますしね。そういう積み重ねで、本当に器量がよくなっていく。

芸の世界で、本番を重ねていい姿形になっていくことを「様子がいい」というんですが、一般の人も同じ。日常生活という本番を繰り返すことで、顔形ができてゆく。器量ってのは、そうやって「良くする」ものなんです。

温かな心配りが思い出されるエノケン先生

僕は小学校４年生の頃に西荻窪の映画館で、アイスキャンディーを売るバイトをしていたんです。映画のラストシーン近くになると場内に入り、休憩中に売っていくんです。その映画館は榎本健一主演の東宝系の喜劇映画がよくかかっていまして、オールスターで総踊りするシーンとか、よく見ていましたね。

僕は喜劇役者のエノケン先生が大好きで、『四つの恋の物語』とか『エノケンのちゃっきり金太』、『エノケンのどんぐり頓兵衛』や『エノケンの誉れの土俵入』とかね、もう随分たくさん観ました。当時エノケン先生は大活躍していて、身軽でとっても面白くて。だから僕が学校のクラスでエノケンのモノマネをやると、大ウケしてね。

『エノケンの森の石松』という映画で、エノケンは「セントルイス・ブルース」の曲を森の石松になって歌ってるんですね。昭和14年に、すでにそんな音楽を取り入れている先見性！　その影響か、僕は落語家になってからそのときの想いをヒントとして

「いやんばか～ん」って歌詞をつくるんです。

とても敬愛していたエノケン先生だから、初めて会うことができたときは、落語家になって本当によかったなと思いました。

昭和36年に桂三木助師匠が亡くなって林家正蔵師匠のところに移ってすぐの夏、正蔵師匠が菊田一夫さんの『がめつい奴』という芝居に出ることになって、毎日有楽町の芸術座に通っていたんです。そのときエノケン先生にお会いして、僕は雷に打たれたようにビックリしましまして。

おみ足が悪く、足を手術なさったあとで片方松葉杖で舞台稽古をしていらっしゃいました。総稽古で出演者全員が集まったときのこと。戦後の芝居だからゲートル巻いて靴を履かなきゃいけなくて、師匠は楽屋でゲートルは巻いてたんですけど、靴を履き忘れたんですよね。僕は芝居の付き人をやったことなかったから勝手がわからず、後ろでボーッと立ってたんです。

そしたらエノケン先生が松葉杖姿なのにサッとテーブルに置いてあった靴を取って師匠の前でかがんで揃えて、靴紐結んで下さったんですよ。僕はもう真っ青になって、

「僕がやりますから！」って言ったんですけど、先生は振り向いて、「いや、こんなことはザラですから」って。

こんなに偉い人がなんという気配りをしてくれるんだろうと思って心底感動しました。

もちろん、楽屋に戻ってから師匠に怒られましたよ。「天下のエノケンさんに靴紐結ばせるなんておまえはなんてやつだ、バカヤロー！」ってさんざん絞られて。先生のところに謝りに行ったら、「とんでもない、いいんです、いいんです」って手をふって下さって。

この日のことをエノケン先生が覚えていらして、のちに、『エノケン大いに唄う』という一人舞台の司会を依頼して下さったんです。僕はＮＨＫのアナウンサーの司会の真似なんかやってましたから大喜びで行ったんですけど、都内から船橋の会場までエノケン先生の車に乗せていただきましてね、ご家族と一緒に。

先生は道中とても機嫌がよくて、いろんな話をして下さいました。「私は覚えがよくてね、歌舞伎の大物の人が急に出られなくなって代演を頼まれたとき、こんな分厚い台本をひと晩で覚えて歌舞伎座でやったんですよ」って話とか、「車の後ろに乗って、走ってる車の左のドアから屋根をつたって右側のドアにいき、同乗してる人にバァーってやるのが好きだった」とか、もうびっくりするようなエピソードばかり。本当に貴重な時間でしたね。

それが、エノケン先生にお会いした最後です。

のちに先生は肝硬変でお亡くなりになったけど、酒飲みで有名で、車の後ろにも一升瓶がゴロゴロ転がっていました。「お酒お好きなんですね」って言うと、「いや私は好きじゃないんですけどね、疲れると違う自分になりたいから飲むんですよ」っておっしゃってましたね。妙に印象に残っている言葉です。

僕は自分の高座で、『たらちね』とか職人さんが出てくる落語をやると、いつの間にかエノケン先生になってるんですよ。あの方はセリフの頭で「ヘッ」て言うんですが、「ヘッ、こんばんは」とか「ヘッ、そうじゃありませんよ」とかね。じつはエノケン先生には『落語長屋は花ざかり』という落語のバラエティ映画もあって、八《は》っつぁんの役をやっていらしたんです。そんな近しさもあって、とても影響を受けています。

あのダミ声の歌がずっと頭に残っててね、ルイ・アームストロングみたいなしゃがれ声で音程がハッキリしてるでしょう。山田耕筰先生が、「歌が上手いのは美空ひばりとエノケンです」っておっしゃってたけど、本当にそう思う。あの声とともに、エノケン先生の温かな心配りがつい昨日のことのように思い出されます。

嵐寛寿郎先生は喜劇人のようでした

『笑点』メンバーとしての僕のキャラクターって、じつは嵐寛寿郎先生あってのものなんです。

昭和44年に僕が『笑点』に加わったとき、三遊亭小圓遊さんはキザで売ってて、歌丸さんはハゲ、圓楽さんが星の王子さま、そんななかで僕はまだこれといった売りがなかった。プロデューサーに「木久ちゃんもう少し頑張ってくれ」って言われて思案してたら、僕は映画をずいぶん観ているので、ふと時代劇の侍言葉をやったらウケるんじゃないかなって思いついたんです。

なかでも大スター嵐寛寿郎主演の『鞍馬天狗』がとても印象に残ってたんですよね、あの覆面姿が。それで「杉作、日本の夜明けは近い」っていうセリフを考えて、『笑点』のどんなお題にもそれを混ぜて回答したんです。そしたら「『鞍馬天狗』の木久ちゃん」っていうのが定着しましてね。だから寛寿郎先生には足向けて寝られません。

で、あるときＴＢＳ系列の『３時にあいましょう』という船越英二さん司会の番組に呼ばれて、「ふたりの鞍馬天狗」って企画で嵐寛寿郎先生にお会いできたんですよ。僕は映画に思い入れがあるから、鞍馬の火祭りや天狗廻状とかの話をするんですが、先生はぜんぜん覚えてなかったですね（笑）。

そこからのご縁で、テレビの仕事で京都に行くと嵐山の先生のお宅にお訪ねしたりしましたね。建て売りの２階建ての質素な家でビックリしましたけど。僕がちょうど真打になるときご挨拶にいったら、『網走番外地』の撮影でご不在で、奥様からお祝いに黒豆の含め煮を２瓶いただいたことを覚えています。

寛寿郎先生はおとぼけの人でね、喜劇人のようでしたね。

日本テレビの特番で船橋の公会堂に行ったときのこと。高島忠夫さんが司会で、新東宝の女優さんやタレントさんが来ていたから、高島さんが気を利かせて、その日に共演する若手の人たちを先生に紹介するわけですよ。そしたら、「よろしゅう、寛寿郎だす」って挨拶なさって。そして高島さんが、「いつも杉作やってる林家木久蔵さんですよ」って言ったら、「知ってま！」って大きい声を出されてね。

役者さんですから、わざとやってるのか本気なのか境目がわかんないんだけど、とにかく面白い先生でした。

ずいぶんテレビでもご一緒しましたが、『笑点』で三波伸介さんが司会だった頃「なんでも入門」っていうコーナーが大喜利の前にあったんですよ。

あるときそこでチャンバラ入門という企画をやって、三波さんが「今日は素晴しいゲストが来ています、嵐寛寿郎先生です！」って紹介すると、「寛寿郎だす」って刀を下げて出てきてお座りになった。で、「我々のほうで鞍馬天狗といえば木久ちゃんの『杉作、日本の夜明け』。木久ちゃーん！」と三波さんに呼ばれて僕が出ていったとき、思わず脇に置いてあった刀を踏んじゃった。

「踏んじゃダメです！　これは武士の魂でしょ！」って三波さんが言って、会場は大爆笑。僕の痛恨のミスなんだけど、番組的には面白かったの。その『笑点』でもいろんな話をうかがいましたが、やっぱりぜんぜん映画の事を覚えてない（笑）。けど面白かったですよ。それが先生のお人柄なんですね。

手塚先生は鉄腕アトムでした

手塚治虫先生は素晴らしい人でした。人間味や品のよさって、さり気ない気遣いのなかににじみ出るんです。僕のような絵の後輩にもきちんと敬語を使って下さる方でした。とても偉い人なのに物腰が柔らかで、誰に対しても丁寧なんですね。

僕は子どもの頃から、『新宝島』や『メトロポリス』に始まって、『ブラック・ジャック』や『アドルフに告ぐ』とかほとんど愛読してましたから、もう雲の上の人です。

芝居の世界には「役者ぶるな、役者らしくしろ」って言葉がありますが、手塚先生は芸術家なのに、そういう「ぶったところ」がひとつもない方でした。

たとえば昔、僕が『私の下町五十景』という個展を新宿のギャラリータカノというところで開いたとき。手塚先生が初日にふらりと来て下さった。一点ずつ作品を見ながら、「この色は下町らしいですね」とか細かく感想を言って下さった。それだけじゃなく、「今日、初日なんですよね？　パーティはやるんですか？」っておっしゃるんです。画廊とか展示会というのは、たいてい初日に簡単なパーティをやるんですが、あまり人が少ないとどうも格好がつかない。

先生はさらっと「夕方なのにあんまり人がいませんね。しばらく、ここにいましょうか?」って、パーティの終わりまで付き合って下さったんですよ。とても忙しいさなかにね。手塚先生がいて来場者も大喜び。山田隆夫が色紙持ってきて、平気な顔で「漫画描いて下さい」ってねだると、なんとアトムを描いて下さって。

「ああ、手塚先生は相手の身を慮《おもんぱか》れる方なんだ」って感動しました。ひと言でいえば、懐が深くて優しい方。相手のしてほしいこと、どうやったらその人が喜ぶかを判断して、すぐに行動に移せる。言葉で言うのは簡単ですけど、なかなかできるものじゃありません。

別の機会に、年末に小学館のパーティでお目にかかったとき「僕、代々木から世田谷へ越すんです。今度家を建てまして」って近況をお話ししたことがありました。それからしばらくしてある日の朝、9時頃に玄関のチャイムが鳴ってね、僕はお酒を飲んだ翌日だったからふらふらしながらドアを開けると、手塚先生が立っていらした。

手塚治虫先生（右）と個展会場で

「やあ、建ちましたねえ」って風呂敷の包みから色紙2枚、アトムとレオが落語を話してる絵をお祝いにプレゼントして下さったんです。これはいま家宝になっています。大勢の人がいるパーティの立ち話でひとことお伝えしただけで、誰か人づてに聞いて新居の場所を調べて下さったんでしょう。色紙を僕に手渡すと、「忙しいんで」ってさっと帰られました。これは夢かなと思いながらも後ろ姿を見送ったんです。

先生が亡くなったとき、特集の本が出たんですよ、そこに思い出のエピソードで、作品を手伝ったお弟子さんが、ある日手塚先生が訪ねて来られて、「こないだ画稿料を渡したんだけど、あとで確認したら一コマぶん抜けてたから持ってきました」ってお金を届けにきたことが書いてありました。律儀にそういうことをなさる方なんですね。

藤子不二雄Ⓐ先生にうかがうと、若手の頃、トキワ荘のドアを叩く人がいて、開けると手塚先生が立っていらして「ちょっと一緒に映画を観に行こう」って誘って下さり、鑑賞に行って映画が終わると、有楽町のカキフライやシチューの美味しいレストランに連れてってくれて、いつの間にか先生が支払いまで済ませて下さったんだとか。

手塚先生は猛烈な〆切りの合間を縫って、そういうことがさらっとできちゃうんですね。あれほどの先生なのに、仰々しいこととは一切無縁で。

えらぶらない身の軽さの手塚先生は鉄腕アトムだったんですね。そんな心意気を尊敬してます。

お金の使い方に一流の「贅沢さ」が醸し出される

いまでも昭和の名人といわれる古今亭志ん生師匠。

僕が前座でお目にかかった頃は、もう病気で倒れられたあとで、お弟子さんの圓菊師匠がおぶって楽屋に出入りをされていました。そういう姿なので、いわゆる色気とか勢いみたいなものはもうなかったんですけど、面白いのはとても「贅沢な」方なんですよね。

志ん生師匠の自伝は『びんぼう自慢』というくらいで、高座でも貧乏噺をいっぱいされてましたけど、ちっとも貧乏した方に見えない。それが志ん生師匠のすごさなんでしょう。

これは僕の想像ですけど、お金がなくて身動きがとれなかったというのじゃなくて、入ってくるお金を後先を考えずに使ってしまう人生なんですね。だから結果として貧乏だったけど、使ったぶんがご自身の身についている。それが高座の雰囲気となるから、お客さんも師匠の貧乏噺に安心して笑ってたんだと思います。

歌舞伎でいうと、十八代目中村勘三郎さんが非常に面白い芝居をなすってたんですよ。出てくるとまわりがパッと明るくなって、あの方もお金がかかってる歌舞伎の人だなって思っていましたね。いい感性と美味しいものをたくさん食べている体験をしていて、芝居に華がある。こりゃ１万５０００円払っても値打ちだなという芝居を見せてくれる千両役者でした。

よく、お金の哲学で「お金は使わないと入ってこない。使った分だけ入ってくる」というのがありますでしょ。理屈としてはとても変ですよね、もしかしたら入ってこないかもしれないのだから。

だけどお金は使ったほうがいいというのは、使わないで財布に紐をする「縮こまった心」がよくないんです。とくに、僕等のような芸をやる人間には。

たとえば、僕が桂三木助に入門したとき、師匠は旅の仕事をずいぶんやってらしたんですよ。僕が下っ端で付いていくと、上野駅で「一番値段の高い弁当買っておいで」ってお金を渡されたんです。下は５００円から上は１８００円までありますけど、何もそんなに高いの買わなくていいじゃないですか。

でも三木助師匠は、一番うまい弁当は手がかかっていて美味しいはずだからという考えで、「一番高いの買っておいで」と。そういうところにお金を使う「姿勢」を大事にされていたんですね。ちゃんとした材料の高い弁当を食べているから、それが身体の滋養になっているはずだと、自分で頷ける。だから、やっぱり三木助師匠の高座には格調があったし、一流の贅沢な感じが醸し出されてましたよ。

1万円なら1万円のお金をどう使うかを知っているのは自分ですよね。他人に内緒にしていても、自分に値打ちがわかってる。そういう事で、自分の自信になるのでしょうね。

ツッパリが芸のエネルギーになる

僕が若手真打の頃、先輩の三遊亭圓楽、立川談志、古今亭志ん朝、それから春風亭柳朝の各師匠が四天王といわれてたんです。

このなかで柳朝師匠は正蔵門下の直接の兄弟子です。

僕は柳朝師匠に気に入られて、一時期、師匠の鞄持ちやってまして。その頃、イイノホールで二朝会っていうのがありまして、志ん朝師匠と柳朝師匠の二人会。東京中の古典落語ファンが注目するすごい会でした。そのたびに僕は楽屋働きをしていて、名人お二人の前座で高座にあがったりして、得がたい経験を積ませていただきました。

それよりは前の時期ですが、柳朝師匠が真打になるというときにちょっとしたトラブルがありました。正蔵門下にはほかに四代目三遊亭市馬師匠がいたんですけど、その人は家庭の事情で旅廻りが多くて、噺が終わってから村芝居みたいな踊りを踊るんで、柳朝さんが同席するのを嫌がっていたんです。正蔵師匠は二人を一緒に真打にさせたかったんだけど、柳朝師匠が師匠に「一緒に真打に昇進したくない」って断っちゃった。

これは異例でね、真打の昇進を断るということだから。師匠はたいへん悲しんで、正蔵会という一門会の高座で涙ながらに「柳朝のヤツが昇進は嫌だって言ってますけどみなさんどう思います？」なんてお客様に呼びかけたり。まあ、結局は柳朝師匠のほうが折れて、柳朝、市馬お二人とも真打になったんですけど、その前後の柳朝さんの芸はとてもよかった。

それはどうしてかというと、内心で反発があるからなんですよね。正蔵師匠に「俺は市馬とは違うんだ！」ってツッパっている、それが高座に出るんです。直接、文句を言うわけじゃなくて、芸のエネルギーにしている。

あの頃の柳朝師匠は、啖呵《たんか》を切るセリフがうまくて見事だったんですよ。

僕は『大工調べ』という噺を教わりました。これには、大工の棟梁と与太郎が、因《いん》業《ごう》な家主に啖呵を切る場面があるんです。そのときは桂文平さん、いまの柳亭左楽師匠と一緒に教えていただいた。

稽古帰りの道すがら、文平さんが「あれは俺たちにできねえな」って僕に言ったんですね。確かに僕らが臆しちゃうくらい啖呵がすごかった。あの棟梁のまくし立てる啖呵はちょっと真似できない。文平さんも僕も噺をお蔵入りにしちゃったんですけど、それくらい柳朝師匠の芸が良かった。そのときも、なるほど芸でツッパるっていうのは芸人にとってプラスだなと学びました。暮らし向きが平穏無事だけではダメなんですよね。

それ以来ずっと、僕も自分自身をかき立ててくれる火種を、自分のなかに絶やさないように心がけてるんです。

市川右太衛門先生はちっとも偉ぶらないお人柄でした

『旗本退屈男』シリーズや『大江戸五人男』『月形半平太』なんていう作品で一世を風靡した時代劇の市川右太衛門先生。子どもの頃からスクリーンで見続けた大スターでした。

落語家になってからの有り難い御縁がつながって、思いがけず右太衛門先生ともお付き合いをさせていただきました。

はじめてお目にかかったのは上野のロータリークラブ（社会奉仕と国際親善を目指す社交団体）でした。うちの義兄が上野の本牧亭の席亭だった関係で、地元のロータリークラブの会員を増やす月間に、僕の名前がいつの間にか登録されてました。実際に住んでいたのは武蔵野の三鷹のほうだったんですけどね。

それでクラブに出席するようになると、そこに右太衛門先生がいらしたんです。先生が大物すぎて会員たちも接し方がわからないなか、僕は親睦委員として毎週金曜日の11時半から1時までの例会で、いつも右太衛門先生と同じテーブルにさせられていました。

なにせ偉い方だから、僕は挨拶させていただきますけど、「いいお天気でございますね」とか当たり障りのないことしかお話しできない。でも右太衛門先生はとってもよくお話しなさるんです。

『旗本退屈男』はね、電車のなかで小説本を読んで、面白かったのでそのページを破いて、『これ映画になるか？』って脚本家に読ませてすぐに映画化を企画しました。『退屈男』は私がつくった人物なんです」とお話を聴かせて下さいましてね。

これは宝の山みたいなことを伺えるものなのだと気づいて、それからはお隣りにいられることを毎回つくづく有り難いことだと思いました。

その頃、僕は『週刊文春』のシネマチャートで星をつけてね、毎週映画通いしてました。だから、いろんな映画をよく観てましてね。たいてい試写室は銀座のほう、あれはデパートの松屋の前方あたりだったか、どこかの試写室に行くときに、僕のアタッシュケースの留め具がキチンとはまってなかったんです。地下鉄から降りて丸善の前を歩いてたら、往来でバカーンと開いちゃって筆箱とかノートとかいろんなものが散乱しちゃった。そうしたら、たまたまそこを右太衛門先生と奥さまが歩いてらしたんです。「これはこれは、たいへんだ！」って先生が拾って下さってね。「木久蔵さんどこ行くの？」と尋ねられて、「試写会です」って答えると、たいそう喜んで下さって「しっかり観といでな。作品は悪く作ろうと思って作っとる人はおらんのやから」って言って去られたんですよ。そのときはびっくりしてしばらくその場に立ってました。なんで銀座の歩道で右太衛門先生が僕の落としものを拾ってくれたんだろうって。ちっとも偉ぶらないお人柄なんです。

お住まいは千代田区一番町。天下御免の一番地ってね。毎朝、皇居をひとまわり速歩きをされてました。

ご長寿で92歳の生涯でした。

時代の制約を逆手にとる――片岡千恵蔵先生の生き方

僕は時代劇俳優の物真似も得意だったから、創作落語で嵐寛寿郎さんはじめいろんな大スターたちを取り上げてきたんです。

あるとき日本橋のたいめいけんで『昭和芸能史』という僕の落語で、片岡千恵蔵伝をやっていたらね、客席の真ん中にご本人がいたんですよ。千恵蔵先生の当たり役、『七つの顔の男』シリーズの探偵・多羅尾《たらお》伴内《ばんない》の物真似をしていたんですが、「ご本人が目の前にいる！」と驚愕しつつも、噺の途中だし、なるべく似せてやろうと頑張りましたね。

ＴＢＳのアナウンサー鈴木治彦氏や宝塚スターの鳳蘭さんもいらしていて、僕が一席終わったら鳳蘭さんが追いかけてきて、「面白い落語だったわよ、いろんな人の声が出せるあなたの落語はとっても面白かった」って褒めて下さったんです。良かったと思って楽屋に戻るとすぐに、「片岡千恵蔵先生お帰りになりますけど」って鈴木治彦氏のとこの若い人が僕を呼びに来たんですが、会うのも恐れ多いし「いや、いいですいいです」って遠慮しちゃったの。そしたら言付けで、「私の作品でびっくりの落語を聞きました」って笑いながらお帰りになったそう。それが千恵蔵先生にお会いした初めでした。

その次にお目にかかったのが、小田原の映画館のオープニングに司会を頼まれて行ったときのこと。そこは東映系列だったから、重役の千恵蔵先生が挨拶をするためにいらしてたんです。

やっぱりそこの余興でも、僕は多羅尾伴内をやったんですよ。終わっておそるおそる楽屋にご挨拶に伺ったら、「やあ、また会いましたね。私の映画のことありがとう」ってとても笑っていらっしゃった。後ろではお嬢さんの植木千恵さんもにこにこしてらして。

で、先生が名刺を下さったんです。

このときのことが、僕の大きなヒントになったんです。千恵蔵先生は東映の重役ですから自然に名刺を下さったのかもしれませんが、昔の役者さんはまず人に名刺を配ったりしなかったんですよ。それは「顔が名刺だ」という見栄かな。自分から連絡先を教えたりすると安っぽくなるという感覚をもっていた。

だけど、一般の人のように名刺をやりとりすると、あとでそこから連絡が来たり仕事が舞い込んだりして、やっぱり広がるんです。簡単なことですけどね。

それから僕は会う人、会う人に自分から名刺を渡すようになりました。とくにいろいろな現場にいる若い人に渡します。こういうご縁が3年後、5年後につながることがあるんです。客の若い人が、ディレクターやプロデューサーになったりしてね（笑）。千恵蔵さんはそこまでお考えじゃなかったかもしれないけど、僕にとっては重要な一枚の名刺でした。

千恵蔵先生はとても面白い人生を歩んでこられた方で、もともとは歌舞伎の下回り出身で、中学校もちゃんと行っていないような学歴でしたが、東映の重役にまで上り詰めた。とても未来を見据えるセンスのあった方で、東映は東京と京都、東西に撮影所があったんですけども、東で現代劇、西で時代劇と時代にあったプロデュース力を発揮していましたね。

映画事業以外にも経営者としてすぐれていて、2階が麻雀店になった、とても大きなお蕎麦屋さんを名古屋で経営し、当時の大人たちが長時間遊べる憩いの場になっていました。

他にボウリング場の経営も手がけてましたが、高速道路の降り口のところに展開していったんですね。凡庸な経営者は高速のインター近くに決まってラブホテルを建てるんですが、そこをちょっとずらして、みんなで遊べるボウリング場をつくって大成功していました。「みんなが楽しめるにはどうしたらいいか」を常に考えてらしたんじゃないかな。

千恵蔵先生の生き方は、僕みたいに落語をやりながら他の違う仕事もやりたいと考えている人間には学ぶところがとても多いんです。

先生の代表作に『七つの顔の男』シリーズ（はじめ大映で制作、のち東映作品）という多羅尾伴内の探偵映画がありますけど、あれは終戦直後に占領軍のチャンバラ禁止令で時代劇がつくりにくかった頃、だったらギャングものだったらいいだろうというアイデアで変装の探偵を主人公にした。その手法が映画やテレビに定着して、のちに『七色仮面』や『仮面ライダー』など子どもの番組に影響を与えてるんですね。あと、仮面を被れば複数の役者が7人別々に撮影して1本仕上がるから経費が安上がり。当時の制約を逆手にとってヒットを飛ばした、時代の先取りが面白いんです。

僕は亡くなった勘三郎さんと仲が良かったんですが、勘三郎さんに歌舞伎で多羅尾伴内の『七つの顔の男』をやってもらいたかったんですよね。もし実現していたら間違いなく絶品だったでしょう。最後に正体をあかして「あるときは……あるときは……」って現れる。観たかったなぁ（笑）。

千恵蔵先生は実人生の仕上げもすばらしくて。

映画の大スターのご令息やお嬢さんでひとかどの立場になった人ってあまりいないんですよ。ところがご令息は大学を出て日本航空に入ってパイロットから日航の社長（現在は会長）にまで上り詰めた。植木義晴氏という方で千恵蔵先生にそっくりの容姿なんですが、そういうお子さんを立派に育てたことも、先生の大きさを物語っていると思います。

先生と私の二人で、小田原の映画館でのイベントのときポラロイドの写真を撮ったんですが、うっかり無くしてしまって、もったいないことをしたなぁと思います。

こうやって考えてみると、小学4年生の頃に映画館のアイスキャンディー売りの少年が憧れた銀幕のスターのみなさまにお会いできてね。その上、物真似入りの落語で稼がせていただいて（笑）。

人生とは案外、少年時代の憧憬が細い糸で一生の仕事につながっているのかもしれません。

第6章　笑う大往生

2度のがんを乗り越えて快癒し、2017年には傘寿を迎えて、記念落語会を開催。20年、高座生活60周年の節目を迎えた。日々のイライラ、病気、孤独、認知症、親しい人の死……人生後半戦の課題にどう向き合ってきたのか。「終活ほど馬鹿げたことはない」と語る木久扇がはじめて明かす感動の死生観――。

歳をとるほど、賑やかなところに住んだほうがいい

都会暮らしが長かった人ほど、老後にはのんびり「田舎暮らし」をしたいという人がよくいますけど、僕は反対しますね。

歳をとるほど、むしろ賑やかなところに住んだほうがいい、浅草六区とかね。人混みのなかでワサワサやってると、自分の老いや病気の悩みとか、人間関係の些細な苛立ちなんか消えちゃいますよ。妙に考え込んでしまう静けさはかえって身の毒。適度な喧騒こそふさいだ気分を祓ってくれるんです。

閑散としたところに行っちゃったら、しんみり過去を振り返ったりして、ろくなことない。自分も含めて大多数の人間ってのは、そんなに波乱万丈の人生を送ってきたわけじゃないでしょう。思い出といったってたかが知れてるから、3日もすれば飽きちゃいますよ。

僕の場合、夫婦とも東京下町育ちなので、子どもの田舎がないんで八ヶ岳の麓《ふもと》に山

荘を建てて通ってた時期があるんです。八ヶ岳のすばらしい景観と、まわりに広々とした土地や畑があって落ち着いた場所。最初のうちは面白かったんですけど、だんだん体力的にきつくなってくると、行っても何にもやる気が起きないんですよね。

田舎暮らしの山荘といえば、もうひとつ勢い余って買ってしまったことがありまして。島根県の美都町《みとちょう》に講演で行ったときのこと。地方に行くと地元の食べ物を褒めるというのが僕の「作戦」なんですが、講演後の打ち上げであたりさわりなく出された水を褒めたら、「すごくいい神の水が出る場所がありますよ！」って山に連れて行かれましてね。

確かに日本海が見える見晴らしのいい山中で、隣は一面の煙草畑、竹やぶがあって清水が湧いている。景色を褒めたら、町長に「こちらに家を建てませんか？　ここ全部で250万ですよ」って。僕の住んでいる世田谷区に比べたら安い不動産ですよね。僕はビールを飲んでたから調子にのってしまって、「じゃあ、僕は絵を描くからアトリエでも建てましょうか」なんてね。

先方は町おこしにもなるともう大喜びで、「どうせなら、宮大工さんを呼んで釘を一本も使わない家にしませんか」とすすめられ、話はトントン拍子に運んでしまって。そこを買うことに決めて、東京に戻ってかみさんに報告したら、目を剝いて「お父さん、馬鹿じゃないの!」と。

当時はまだ石見《いわみ》空港もできる前で、広島空港から車で日本海側まで3時間半もかかる場所なんです。もうかみさん呆れ返ってましたよ。

どっしりとした大黒柱があって、瓦には林家の光琳《こうりん》の陰蔦《かげつた》の紋が全部入った、それは立派なものが建ちました。昔ながらの美都町の民家を宮大工さんが再現しましたから、いまではつくれないようなもの。竣工式には神主さんがみえて、地元新聞にも載りましたよ。僕は紋付袴でお祝いの丸餅を撒いてね。

囲炉裏端は僕の理想で、普通は正方形のところを縦長にして、脇をちょっと高くして脚をのせて寝られるようにした。川で獲ってきた魚を竹串に刺して炭火に立てて並べると、「ああ田舎だなあ」と満喫できる。

土地の清流に夏は夜になるとホタルが群舞していて、本当に美しいところです。とても素晴らしい暮らし向きなんですが、なにしろ遠いから行くのが億劫でね。家族で行っても、かみさんなんて虫が嫌いだからと麓のホテルに泊まるし、僕のアトリエといってもそこで絵を描いたことは一度もない。実際はあまり使ってないし、閉めっぱなしだと家が老朽化するからお隣りさんに掃除や管理を頼んだりして大変です。「田舎暮らし」というのは、たいてい男が描く夢なんですよね。田舎に行ったら、精神的に豊かな暮らしができるんじゃないか、晴耕雨読の理想の生活があるんじゃないか、とか。

でもね、そこに田舎暮らしにくっついてくる草むしりとか掃除の肉体作業とか、不便なところにいる現実的な大変さをまったく実感していないんですよね。買い物ひとつ行くのにも山を下りるから、近所のコンビニに歩いてふらりというわけにはいかない。そういうリアルを体で受け止められる体力と気力があって、それでもやっぱり田舎の自然が好きだという人はやってみたらいいんです。

その点、女の人のほうがものすごく現実的なの。田舎暮らし幻想なんてはなから持ってないから。これはもう女性の勝ちです。

ククタになって寝ちゃえばいい

年配の方で、自分の死が近づいているんじゃないかと夜中にふと目が覚めるとか、不安なことがいっぱいで寝つけないという方がいますけど、それは単純にいって時間がもったいないですね。

自分で「死」というものを、大変な問題にしちゃっている。

そんなことを考えて不安になってもしょうがない。毎日忙しくしていたら、いつの間にか死んじゃったっていうのが一番いいんですよ。そのためには、昼間、自分をクタクタにしちゃえばいい。体が疲れて夜そのままストンと寝れば、いつの間にかいなくなれますから。

よく「終活」なんてことというけど、あんな馬鹿げたことはない。生きているいまが一番大事で、いま美味しかったり愉快だったり景色がよかったりする時間を楽しめばいいわけで、亡くなる準備なんかしてる時間はもったいないんですよ。

僕はいまだに子どもの頃の感覚があってか、夜中にはオバケや幽霊が出るんじゃないかと思ってるんですよ。だから暗闇が嫌で、夜むりやりにでも寝ちゃう。夜中に起きるなんてことはないです。寝入るために、たまに薬の力も借りるけど、よく寝るためにもっともいいのは昼間の活動ですね。

僕は職業柄毎日しゃべってるし、人に見られる商売ってすごく疲れるんですよね。しゃべるのが20分でも30分でもね、終わるとガーンと疲れる。仕事を終えて疲れを感じると、僕は「ああよかった」と思っています。「疲れることができてありがたい」ってね。それは天然の薬を貰ったようなものだから。

歳をとると出不精になって疲れることを避けがちだけど、むしろよい薬をいただく機会だと思って、本屋でもデパートでも出ていったほうがいい。そうやってクタクタになって、しっかり眠れるようにすることが、心の健康に一番いいんです。

イライラしたら豆を買いなさい

人間歳を取ると、イライラして怒りっぽくなりがちでしょう。そんなときにはね、豆を買いに行ったらいいってアドバイスしてるんです。

僕はいろんな煎《い》り豆を買ってきて、自分オリジナルの仕方で混ぜて、パックに入れていつも持ち歩いてるんです。南京豆と柿の種とウニ豆と……あと何を混ぜるとうまくて新しい味になるのかなってやってると、もう楽しくて仕方がない（笑）。

ちなみに、新潟の有名な柿の種屋さんは、柿とピーナツの混ぜる割合は6対4で、あんまりピーナツを入れると売れなくなっちゃうんだとか。そんなことを思い出しながら、刻んだ昆布も入れたらどうか、赤や緑の彩りの豆を混ぜるとどうかって遊んでると、すごく心が落ち着くんですね。

で、つくったものは「木久扇ミックスですよ」って言って人にあげる。１００均の安いパックに小分けにして、『笑点』のスタッフやなんかにあげると、すごく喜ばれます。

人にものをあげるのは面白いですよ！

「こないだの、子どもが全部食べちゃったんですよ」とかって大好評。

豆いじりって、なかなかいいもんですよ。そうやって人にもあげられて、自分の気持ちが落ち着く習慣をひとつ持っておくといいんですね。

認知症なんて笑い飛ばせ

昨今は認知症という病気が世の中で注目されていますね。心配性の方なんて、物忘れがこうじて「自分がそうなったらどうしよう」と怯《おび》えたりしている。

でもね、そんなものは笑い飛ばせばいいんです。

認知症が進んで何か忘れもので事件が起きたら、普通に暮らしてるよりも面白いじゃないですか。面白がったら自分のなかで傷つかない。家族だって受け止めやすくなる。

亡くなった談志師匠なんて「僕が認知症になったら一日に何回も飯食うぞ！」って言ってましたよ。深刻ぶったりいちいちびっくりしたりせずに、ハプニングを笑っちゃえばいい。

僕は毎朝、まず目薬をさしてから朝ご飯を食べるんだけど、食卓を拭いたふきんがどこかに消えちゃったのね。あれ、おかしいなあと思ったら、目薬を冷蔵庫に戻さずに、ふきんを冷蔵庫に入れていた。

かみさんに「大丈夫？　しっかりしてよ。ふきんを冷蔵庫に入れちゃう人いないわよ」って言われたんだけど、僕はすごく面白いことだと思ってね。なんとか落語に使えないかなと考えたりします。

あと最近聞いておかしかったのが、シンガーソングライターの鈴木康博さんが病院に認知症検査に行ったんですって。「ご職業は？」って聞かれて、「歌手です」って答えたら「認知症が進んでますね」って（笑）。小田和正さんとオフコースを結成して一時代を築いたほどの有名人なのに、若いお医者さんは全然知らなかったんですね。「何ボケてるんだろう、このじいさんは」と思ったらしい。

こんなふうに、普通に暮らしてるんじゃ起こらないことが次々出てきて、飽きないの。深刻に受け取らずに面白がることで、「老い」から起きる出来事も、自分を傷つけずに受け止めることができる。

家族も一緒に笑い飛ばしてあげましょうよ。いちいち驚いて、「お父さんがこんなになっちゃった！」とか叱ったりしないで、その状況を面白がってあげるの。

がん細胞を叱る

僕の親父は胃がんで死んで、最初に入門した三木助師匠もがんで死んでね、普通の人よりがんは身近だったんですよ。自分自身も60代でがんになって、胃がんは手術で克服して。一息ついたと思ったら、2度目は喉頭がんになった。

だから僕は病気に対して怒りを感じてましてね、なんでこれだけ一所懸命に生きてまっしぐらにやってきたのに邪魔するんだって。毎朝起きるとがん細胞を叱ってたんですよ。

「やい、がんの野郎出て行け！　俺のなかに巣くうとは失礼ながんだ！　このままじゃおかないぞ！　絶対に追い出すから覚悟をしていろよ」って。

喉のときは声が出ないからね、かすれ声で小言を言ってたんですよ。

それで検査のとき「こんなバカなことをやってるんですよ」って耳鼻咽喉科の先生に言ったら、「そういう前向きな気持ちの患者さんは大丈夫です」って仰っていた。

病と対決する気持ちが体をいい方向に持っていくんですって。日々気を強くもって笑って過ごしていると、ナチュラルキラー細胞っていういい細胞が増えるんですってね。僕は医師にウケると思って軽く報告したんですけど、真顔で返されてね。ああそうなのかなと思って。

一般の人はたぶんやらないですよね、がん細胞に小言なんて（笑）。

2019年の8月に大学病院に行って内視鏡検査をしたんですけど、また喉のところにポリープがあるから、次回の検診で進行していたら、手術して取りましょうかということになった。

これは神様からのメッセージかもしれないなと解釈して、きっぱりお酒やめちゃったんですよ。そしたら5カ月後の検査で5分の1になってた。この大きさならいま切らなくてもいいから、経過観察ということになって、しめたと思ったんですけどね。

自分の体とやりとりをしながら、80過ぎまで生きていますからね、僕は自分のことを生き上手だと思っています。

散歩なんかしなくていい

体力の衰えとともに、歳をとったら寝たきりになるんじゃないか、なんて心配している方もいらっしゃる。

一番大事なのは、足腰を鍛えること。僕の健康法は、加圧ベルトという太ももをグッと押さえるベルトを締めて、毎日4ポーズをとるんです。

椅子に座ったままま、できるだけ両足を伸ばして水平になるまで上げて、重くなったら下ろす。それをゆっくり20回ね。

座ったまま今度は、交互に膝を上げ下げする。20回ね。

それから足のつま先をグーパーする。これを40回。

あとは一日40歩、太ももをしっかり上げて家のなかを歩く。

以上。それで外を散歩しなくても健康に過ごせています。

僕の家の前が遊歩道でね、雨の日も風の日もみなさん散歩したり、走ったりしてるんです。見ると若い奥さんもいるし、太ったオヤジさんもいるし、ダンベルを持って走ってる人までいる。天候が悪くても頑張ってる姿をみると、時間がもったいないようにも思うんですよね。

足腰なんて家でもさっと鍛えられますよ。

老いてもいたずら心を忘れない

老人というのは、こと男性は妙にプライドが高いものでしてね。年齢を重ねて体が悪くなったりすると、どう介護されていいのかわからない人が多いんですね。そんな方にひとつお伝えしたい話があります。

僕の兄弟子の（先代の）春風亭柳朝師匠は談志、圓楽、志ん朝師匠と並んで江戸落語若手四天王と呼ばれていましたが、晩年、脳梗塞で倒れてずっと療養をしていました。

僕があるときに柳朝師匠のお見舞いに行ったら、寝間着姿でベッドの上に足を投げ出してるんです。脳梗塞でもう半身不随になっていたから、たしか左の足が具合悪いんだろうと思って僕は左足をずっと揉んでたんですよ。そしたらしばらく経って柳朝師匠が、「バカヤロー、具合悪いのは右の方だ」と小さな黒板にチョークで書く（笑）。すぐには伝えないで、しばらくしてからおもむろに言う。足を揉ませて遊んでいるんですね。病を自分のいたずらに使うという、とても子どもっぽい心といってもいいかな。そういうのがとっても面白かったし、こっちの見舞いの心も軽くなる。

柳朝師匠は口がなかなか利けなかったら、よく黒板に文字を書いてましたね。「水くれ」とか「暑い」とか。そこにときどき、女性器の絵をまじめなメッセージのあいだに入れるんですよ。読んでる人が退屈するだろうと思ってね。

いたずら心を交えながら老いていく――これが人生後半戦をうまく生きるコツだと思うんです。

闘病ってのは、本人も周囲の人もご苦労なんだろうけど、そういう心の余裕があれば、周りも「何バカなことやってんのよ！」って言えて、楽になるじゃないですか。

老いてはいたずら心を忘れるべからず、ですよ。

孤独って本当は贅沢な時間

孤独には、とてもネガティブなイメージがあります。とくに歳をとって「独り」だと、寂しくてつらいものという感覚がある。

確かに人というのは人としゃべって心を豊かにしていくものだし、ときには助けられたり食べもののお裾分けをし合ったり、他人とのつながりがあるから毎日がなんとなく賑やかに過ぎてゆく。僕も基本的には歳をとるほど賑わいのある場所に住んだほうが、気持ち的によいと思っています。

ただ、「孤独」に意味が無いのかというと、絶対にそんなことはなくて、孤独というのは、自分を認識するよい機会だと思うんですね。

僕は「ひとりでいる時間」を大切にしています。

落語家は個人芸の商売ですからね、ひとりでいるときに明日やる噺をさらったり、何か面白いクスグリを考えて噺に入れてみたりしますし、絵や文章を書いて過ごしています。そういう時間が一番自分を成長させてくれるし、そんなときがないと、ただ毎日が流れていってしまって何も深まらない。

どうも「孤独」という単語の響きが寂しいのですが、本当はとても贅沢で、たくさん選択肢のある時間なんですよ。それは捉え方ひとつの問題でね。孤独の「孤」という字を「個」であることと解釈して、「個の饗宴」――自分のための宴を毎日催す、そうするためにはどういう方法があるかを考えるといい。

それは何かといったら、誰でも一番得意なものがあると思うんですよ。芸ごとばかりじゃなくて、本を読むこと、ものをつくること、旅することとか自分が自分のために楽しめる時間を大事にする。

楽しいことを漫然と待つんじゃなくて、自分から行動を起こす。行動といっても外を動き回らなくても、頭のなかの行動でもいいんです。知的なこととか運動とか、お金があるなら美味しいものをいっぱい食べに行きそれを全部ノートにつけるとかね、自分を奮い立たせることを探して、毎日行動すればいい。

それを見つけることが人生なんでしょうね。だれかにテーマを与えてもらうものじゃない。

ひとりでいると、孤独で何をしたらいいかわからないという人は、大人になりきれていないのかもしれない。人にすがろうとせずに、自分で小さい人生の饗宴を開いて、その時間を楽しんだらいいと思うんですよね。

ひとりで自分が心から楽しいことをやっていると、自分の正体がよくわかるんです。ああ、おまえはこんな人間だったのかってのもわかってくる。

本当は孤独って、とても贅沢でわくわくする時間なんですよね。

葬式で儲けさせてたまるか

先日新聞で、ベルギーの元パラリンピックの陸上女子選手がまだ40歳の若さで、安楽死を選択したという記事を読みました。脊髄疾患の痛みを抱えていたそうで、よほど苦しかったんだろうと察します。

近年、日本でも「安楽死」や「尊厳死」をめぐる議論が活発になり、国内での安楽死は認められないので、海外にいって最期を選択する人もいると聞きます。

長いあいだ難病に苦しんだり、人間関係が非常に難しかったり、高齢で体がいうことをきかなくなって自尊心を失ったりと、原因はさまざまなのだろうと想像します。

ここからの話は、当事者になっていない、いま現在の僕の考えです。

僕自身はどんなことがあっても、生を受けたら生きていこうとしないといけないと思うんですね。せっかく生まれてきたんだから、それを自分の采配で絶ってしまうのは生まれてきたことに対して無礼だと思う。

それこそ、ずっと寝たきりのご病気の方は、病院で管を抜くだけで簡単に命を断つことだって出来ます。でもやっぱり苦しくても生き長らえて、自然な死を受け入れたほうがいいと思うんです。人工的な死は、生命に対する尊厳や、自分がいままで積み重ねてきた人生、そこに深く関わってきた人たちに対して、ひどく失礼な行為ではないかと思います。

あとね、死というものはちゃんと商売になってるの。

病院の看護師さんと葬儀社の人って仲がよくて、一緒に宴会をやると看護師さんが「あのおじいさんあと2カ月ぐらいよ」とか言って、葬儀社は「よしわかった」と葬儀の支度をする。病院と葬儀社とお花屋さんとお寺とはつながった産業なんで、人が死ぬことで経済が廻る。だからあのじいさんそろそろどうかなあ……いやいや、これはもちろん笑い話ですよ。

俺の死ぬのが人の商売のタネになるのは面白くねぇ！　だったら生きなくちゃ——そのくらいの気構えで安楽死なんて考えは笑い飛ばしちゃうほうがいい。

「俺の葬式で儲けさせてたまるか」ってね。

ペットにべったりとはしない

もう死んでしまったんですけど、うちではハッピーという天然記念物の川上犬《かわかみけん》を飼っていました。全国で３００頭くらいしかいない貴重な種で、長野県の役場のブリーダーにお世話になって。

もともとは熊にも立ち向かっていくような、精悍《せいかん》な顔立ちをした狩猟犬で、山犬なのに東京に連れてきて悪いなあといつも思っていました。

その子はずいぶんなついてくれて、村だと普通10年くらいしか生きないんですが、15年間も生きてくれました。犬種がめずらしいので、呼ばれてテレビにも嵐の番組に３回も出たし、立木義浩さんに雑誌の写真を撮っていただいたりもしましたね。

死んだときは焼き場にいくのはつらすぎるので、みんなで家からお見送りをしました。

とても悲しかったんだけど、僕は戦後の一番貧しかった時代を経験しているから、過度に落ち込んだりはしませんでしたね。

あの頃は野犬がいっぱいいて、僕が明け方に新聞配達をしていると、野犬がよく4、5匹でやかましく追いかけてくる。だから犬が本当に恐怖だったんです。人だって食べるものがないから、ペットをかわいがるどころじゃない時代です。だから、僕にはペットよりも人間が食べるほうが先だろうという感覚が長年ありました。

うちの長女は犬や猫がとても好きでかわいがってるんですけど、僕はべったりとはしないようにしている。死んだときも、「ああ、口減らしになったな」と静かに受け止めました。ペットロスを引きずったりはしないんです。

高座で死ねばギャラがもらえる

平成30年にお亡くなりになった桂歌丸師匠とは、『笑点』で50年近くご一緒させていただきましてね。

歌丸師匠は育ちが横浜で、ご自身のおばあちゃんも花街の人だったから、横浜への思い入れが強い人でした。若いときから老成していて、しゃべる内容も行動も、好きなことも年寄り臭い（笑）。だからといってお説教癖があるわけではないんだけど、いつも正しい老人といった感じの人でしたね。

ご両親の話はまったく聞いたことがなくて、おばあちゃんの話ばかりしていました。ご自分のおじいちゃんのことも大好きだったので、そこに近づきたくて老成感を出していたのかもしれません。

歌丸師匠はもともと古今亭今輔師匠（五代目）のお弟子さんです。落語芸術協会の会長も務められた今輔師匠はおばあちゃん落語でたいへんヒットした方だから、芸風こそ違うんですが、老成した世渡りの仕方みたいなところは共通してるのかもしれません。

歌丸師匠はいつもよく長老的な発言をしていたし、落語芸術協会の会長、横浜のにぎわい座の館長と、ご病気になっても役職は務めていました。『笑点』の最長老であり司会者であり、最後まで現役で、鼻に酸素チューブをつけて高座に出られていましたよ。うちの正蔵師匠だったらチューブつけてたらカッコ悪いからって引退するところだけど、歌丸師匠は亡くなるつい数カ月前まで高座に上ってたわけですからね、気迫が違います。

「木久ちゃん、噺家は高座が職業だから楽屋で死んだらダメなんだよ、高座で死ねばギャラがもらえる」っておっしゃってました。すごいですよね！

僕自身は、落語家は潔く引退表明するでも、生涯現役でもなく、「この頃テレビや寄席に出ないけど、どうしちゃったんだろうね」って自然に引くのがいいなと思っています。だんだんみんな噂もしなくなっちゃって、溶けていくような感じでね。僕はそんな生涯が好きですね。

悲しいことでもおかしいことがある

僕がはじめに入門した師匠、三代目三木助はもうすぐ死ぬというときに、落語家のお仲間を集めて別れの挨拶をしたんですよ。

胃がんでしてね。お医者様が昭和36年1月頃、おかみさんにもう師匠は余命いくばくもないということを宣告したんですよね。おかみさんだけに告知したのだけど、おかみさんが師匠に伝えてしまい、知るところとなった。

それで「おれはもうすぐあちらへ行くのだから」と、お世話になった人を集めて死ぬところを見せたいって言い出したんです。

文楽、志ん生、圓生、圓歌（二代目）、百生師匠、当時の看板どころがほとんど田《た》端《ばた》の家にある夜集まりましてね。夜席がはねてからなので、夜の9時、10時くらいでしたか。

それで僕と兄弟子の木久八（のちの入船亭扇橋）兄さんが師匠の寝間着をパリッと

した浴衣に着替えさせて、蒲団に寝ている風景をみんなでお茶飲みながら見てるわけですよ。20人ぐらいいたんですかね。当時の歌奴（のちの三代目三遊亭圓歌）師匠もいました。

志ん生師匠が一番前に座って、モジモジしながらずっと見てる。

三木助師匠も死ぬところを見せたくて集めたわけだから、意識しちゃって、スーッと大きく息を吸うんですよ。それでみんな死ぬと思って息を凝らして見てると、ハァーッと息を吐いて死ねないんです。

そんな調子で時間がたって、みなさんときどき顔を見合わせたりなんかしている。しゃべらないで緊迫してるんだけど、なんだかおかしい空気でした。

1時間ぐらいたったら志ん生師匠が「三木さん、なかなか死なないねえ」ってつぶやいて「また来るよ」って帰っちゃいました。

それがきっかけになったように、ぞろぞろみんなお帰りになる。

そんなことが2回か3回、ありました。

そのたびに律儀に師匠方、集まっていらしたけど、人間そんなに自分の考えたタイミングでは死ねないんですよ。結局、そっと師匠が亡くなったのは、みなが集まったときではありませんでした。

僕は最期まで師匠を支えながら、悲しいことでもおかしいことがあるんだと、とてもよくわかりました。

三木助師匠は何もかも神経が行き届いた人だったけど、自分の死まではコントロールできない。

その人の生涯ってのは、大きな時の流れに身を任せるしかないんでね。

「お別れ」は早いか、遅いかだけなんです

この歳になると、もう毎年のように暮れに、「年賀状はご遠慮いたします」って喪中のお葉書を何枚もいただきます。大事な人の死を、どう受け止めたらいいかわからないって相談を受けたりもするんですね。

人の生死について僕自身は淡泊なほうで、「ああ、逝っちゃったのか」って静かに想うんです。

ちょうど同年代の方が亡くなられたとか、すごく親しかった精神的支柱みたいな方が亡くなられたら、ショックもより大きいでしょう。

ただ、究極的には、人の生死の分かれ目はいつでも誰にでもあることで、それが早いか遅いかだけなんですね。

僕は大切な師匠を2人も亡くしましたし、父親も母親ももういないし、その境目のときは悲しかったけども、精神的に心が平常に戻るのもけっこう早かったようです。

それは落語家という職業柄、いつも人前で面白いことをしゃべってるからということもあるけれど、「別れはいつか来る」とどこかでいつも覚悟していたからだと思う。ああ、そのときがいまだったんだなって受け止める。

そりゃ悲しいんですが、悲しみのあいだに時間が挟まると薄れていくんですね。だからあいだがどんどん時間で満たされていくと、感情も淡いものになっていく。

僕はお葬式にあまり行きません。死というのは一番マイナスなことなので、それを直接確認しに行くのがとても嫌なんです。もちろん親しさの度合いにもよるのですが、お花とか志を送ってすませることも多い。献花が飾ってある空間に、死の確認に行くのはつらくてね。

すべての人には平等に一日24時間がついています。

だから慌てないで、過度にびっくりしないで、じきに平穏になってくるだろうという心構えを持っていれば、親しい方の死への備えになるんじゃないでしょうか。

死の痛みは子ども孝行で乗り越える

先日、海老一染之助師匠の三回忌で、奥様にお会いしました。ある番組にからんでなんですが、海老一師匠を忘れられない奥様を励ましに行きました。

生前の師匠の部屋はそのままになっていて、太神楽《だいかぐら》の獅子《しし》頭《がしら》とか締太鼓《しめだいこ》、バチとか鞠《まり》、高座の衣装などが全部とってあり、想い出が多すぎて奥様は部屋に入らない。

ご長男はアメリカのサンフランシスコで暮らしていて、娘さんもすでに結婚なさって孫もいるんですが、たまに実家に戻ると奥様が黙ったきりで師匠のことを思ってる。

僕がおかみさんに申し上げたのは、「ご家族の一番てっぺんのお母さんがいつも暗い姿をご家族に見せてると運気がマイナスになっちゃいますから、プラス思考で……」ということ。

「プラス思考ってどういうことですか？」と尋ねられたので、「わかりやすく申しますと、今日はウナギ食べよう、明日はトンカツにしよう、近所に美味しいカフェオレの店ができたから行ってみようと、体を動かす。毎日の暮らしをにぎやかにして、自分のこれからとご家族のみなさまを輝かせるような考え方をなさったほうがよろしいんじゃないですか」と申しました。

ご飯はひとりで食べるのではなく、誰かお友達と一緒に食べましょうよ。そういう集まりにいけば面白いこと、思いがけない発見をして、生きる素晴しさに気づきますからと。

そしてもうひとつ。

「お母さんが元気になれば息子さんもお孫さんも元気になります。親孝行という言葉がありますが、子どもに孝行することも大事なんですよ。だから子孝行もして下さい」ってお伝えしたんです。

愛する人の死の痛みは、未来を生きる子ども孝行で乗り越える。これが一番だと思います。

人生は広げたまま亡くなったほうがいい

そりゃね、自分の墓ぐらいあったほうがいいと思いますよ。ここにお骨がありますって場所が。

でも、死んだあとにいろいろと備える「終活」なんてものは、絶対やめたほうがいい。いまはみんな一生懸命終活をやってますがね、僕はあんな馬鹿なことはしないほうがいいと思います。

死ぬ用意をして身の回りを整理するって、とってもマイナスな行為なんですよね。思考が縮んじゃいますよ。

「俺はたぶんそんなに長生きしねえな、親父は60代で亡くなっちゃったから、頑張っても70代かな……」とか、そういうことは考えちゃダメ。

うちの正蔵師匠の言葉で印象的だったのが、「先の約束をしちゃえ」。「そうすると俺は律儀だからそこまで生きるよ」と。だから3年先の落語会でも、催事でも頼まれたら、「とてもそこまで生きるのは無理……」なんて躊躇しないで、「引き受けました！」と師匠は返事してました。人生を広げたまま、3年先の予定まで入れていくって、すごく素敵じゃありません？

ただ、僕はたまに、人生の締めくくりにどうやって笑わせてやろうかと考えることはありますよ。

三木助師匠と同じで「死ぬところを見せるから」って香典を取ってやろうかなとかね（笑）。最大のショーなんだから、昇太さんや好楽さんやみんな呼んでね、その前で僕の噺のひとつでも披露して死にたい。これ、面白くておかしいじゃないですか、結びとして。昇太師匠は1万円包んでくれた！　好楽師匠は3万円だ、なんてね。

僕はなんでも笑い飛ばすのが一番だと思ってます。つらいことでもトラブルでもね。「生きていくことは、そんなに重いもんじゃないんで、だからさ」って言って終わり（笑）。

人生は広げたまま亡くなったほうがいいんですよ。最後まで笑って生ききったほうがいい。自分で見限って店じまいなんてせずに、広がる方向の思考のまま、パッといなくなるのがかっこいいと思うんです。
だから僕は終活はしない。僕は最後まで人を笑わせて、楽しく大風呂敷を広げたまま
いなくなっちゃうことにしています。
笑う大往生、かっこいいじゃないですか。

新宿末廣亭での高座の様子（2020 年）　撮影／石川啓次

あとがき

振り返ればいろいろなことがあり、それを渡り歩いてきた人生でした。

初期の頃テレビレポーターをやったり、漫画も描いたり、ラーメン党を結成してチェーン店を経営したり。

この歳になってキクキンの名でＹｏｕＴｕｂｅｒもやっています。昨年、『笑点』出演50周年記念の特番のさい冗談で「ＹｏｕＴｕｂｅｒになりたい」と言ったら、番組スタッフが面白がって、チャンネルを開設してくれたんです。いまチャンネル登録者数が６万人を超えているそうで、若い人たちも面白がってくれているようです。

僕は昔とは違う、落語一筋ではない、新しい時代にそった落語家であると自負しています。

でも、一見ばらばらに見えるそれらのすべてが、僕のなかではつながっている。バルセロナにラーメン店を出店して大失敗したドキュメントは『ラーメンは人類を救う』という新作落語にして何度となく稼いできましたが、どんな経験だって、どんなチャレンジだって、僕の人生で無駄なことは何ひとつありません。

面白そうなことは何でもやる！という生き方ができたのも、やっぱり人とのつながりを大事にしてきたからだと思います。

人に出会えることの素晴らしさ、そのときのチャンスに気がつくということ——。人とのご縁こそが大事だなと、八十数年を思い返してみてつくづく身に染みます。

僕の人生シメたな！って心から思えるのは、やっぱり清水崑先生、林家正蔵師匠に出会えたこと。このお二人を「人生の先生」に選んだ選球眼の良い自分を誉めてあげたい。僕の眼は、日本の戦中をくぐり抜けて、大人たちの身の処し方、その上手い下手をずっと見てきた経験で鍛えられたのだと思います。

ご縁といえば、ラーメンなどは、最初は大喜利のシャレでした。もともと都立工業高校食品科を卒業しているから食べ物に詳しかったのが、ラーメンで笑わせてるうちに、本当にラーメンに関係しないかと声をかけて下さった方がいた。

いまや、木久蔵ラーメンを出してもう35年になります。高座のシャレだったのが事業になり、携わっている方々と不思議な縁でつながっているなぁと感慨深いものがあります。

僕も70代からあっという間に80代になって高座に上るうちに、心構えもだんだんと変化してきました。

70代の頃は、「さあ高座だ、ウケなきゃ」と思ってたけど、いまは「あ、まだ呼んでもらえるな!」と思う。僕を呼んでくれる人は、木久扇という人間の個性を面白がってくれていて、落語会という舞台をつくってくれる。今日も高座を与えられたんだから、責任もってちゃんと面白くしようと、心から思います。どこに行っても、高座が待っていてくれるという、懐かしい感覚があるんですね。

長年にわたってお客さんとのあいだで温めてきた関係がいま熟成してきたのかもしれません。

この本もまた、読者の心のなかでゆっくり発酵していってくれたらありがたいなと思います。読んでいただいて、ふとなにかの折に本書の言葉を思い出したり、数年後に読んでいただくとか。僕は高校で乳酸菌発酵を学んだし、牛乳工場にも勤めてたから、寝かせることでうまみを増す発酵ということに敏感なんです（笑）。

読者の方々がこの本を手にとって下さるたびに違う味わいになってくれたら……、こんな嬉しいことはありません。

今回の本も数々の素敵な出会いから生まれたものです。

最後になりますが、文藝春秋の山本浩貴氏、それからアドバイスをくださった和田尚久氏に心から御礼申し上げます。

そして日本中コロナで大騒ぎの時代に、おいしい食事をいつも用意して、私の執筆を応援してくれた僕のおかみさん、本当にありがとう！

2020年4月末日

林家木久扇

林家木久扇年譜

1937（昭和12）	10月19日、東京・日本橋久松町で生まれる。実家は雑貨卸問屋。父・鈴木信雄、母・豊田縫子、4人きょうだいの長男。父方の祖母・鈴木イトに可愛がられる。
1944（昭和19）	戦争が激しくなり、青森県八戸へ疎開。八戸市立柏崎小学校に在学。
1945（昭和20）	終戦直前に東京に戻るが、東京大空襲で生家が全焼したため、一家で杉並区西荻窪へ。杉並区立桃井第三小学校に通う。
1947（昭和22）	両親が離婚。母側に引き取られ、小学4年生のころから、西荻窪の映画館でアイスキャンディー売りをしたり、新聞配達をしたりして家計を支える。
1949（昭和24）	小学6年生のとき、インドのネール首相から上野動物園に寄贈された象をスケッチに行く。その絵が杉並区からネール首相に贈られる3枚に選出される。
1950（昭和25）	小学校を卒業した春休み、新宿末廣亭ではじめて生の落語にふれる。小三治改め五代目柳家小さんの披露で『ちりとてちん』を聴いて大笑いした。 4月、杉並区立荻窪中学校に入学。
1953（昭和28）	都立中野工業高等学校（食品化学工業課程）に入学。

襖や障子張りのアルバイトに精を出す。襖、障子の張り替えは一面500円だったので、月に5万円の収入になることも。

1956（昭和31）　都立中野工業高等学校卒業後、森永乳業新宿工場に就職。同年6月、牛乳の冷蔵のため工場が寒かったり、4斗缶の空き缶を足に落としたりして嫌になり、退社。8月、出版社勤務の友人のつてで、漫画家の清水崑先生に弟子入り。三食付き月給3000円で、毎日、先生の鎌倉の家に通って書生として仕事（原稿届けや家事）をする。

1958（昭和33）　漫画が『漫画サンデー』に掲載され、プロの漫画家となる。

1960（昭和35）　8月、清水崑先生のすすめで、三代目桂三木助に入門。はじめは漫画の勉強で落語界を覗くつもりだったが、田端の三木助宅に毎日通い、本格的な入門になってしまう。桂木久男の名をもらう。見習いとして「きぬた会」の前座に出演。

1961（昭和36）　1月16日、桂三木助没。享年58。
3月、八代目林家正蔵（彦六）門下へ移る。林家木久蔵となり、稲荷町の長屋で修業。
同月、23歳で新宿末廣亭にて正式に初高座を踏む。急遽持ち時間が短くなり「月影のナポリ」を歌って高座を降りた。

1965（昭和40）	9月、二ツ目に昇進。
1967（昭和42）	5月7日、29歳で結婚。自身の結婚披露宴と同時刻に、披露宴司会の仕事を入れてしまい大騒動になる。新婚旅行は九州を周遊。
	同年、フジテレビ『セブンショー』ではじめてテレビにレギュラー出演。半年間。司会は三國一朗。
1968（昭和43）	長女、誕生。
1969（昭和44）	11月、日本テレビ『笑点』の大喜利メンバーに抜擢（それ以前の立川談志司会時代、「若手大喜利」にたびたび起用されていた）。司会者、前田武彦。
1970（昭和45）	『笑点』の司会者、三波伸介に交代。
1972（昭和47）	TBSテレビ『モーニングジャンボ』にレギュラー出演。10年以上、さまざまな体験レポートコーナーなどを担当する。
1973（昭和48）	9月、35歳で真打昇進。精養軒で10人真打の合同パーティを開催。40日間、都内の各寄席で披露興行。
1974（昭和49）	テレビドラマ『日本沈没』に出演。小川知子らと共演。
1975（昭和50）	長男、宏寿（二代目・林家木久蔵）誕生。

1977（昭和52）4月、腸閉塞で緊急入院するが生還。本牧亭で快気祝いの「林家木久蔵独演会」を開催。

1978（昭和53）シングル「いやんばか〜ん」をリリース。この「セントルイス・ブルース」の替え歌は、10万枚の大ヒットとなる。

1982（昭和57）1月29日、師匠の林家正蔵（彦六）没。享年86。

5月、「全国ラーメン党」結成。会長就任。副会長は横山やすし。10月には、現在の事務所である「有限会社トヨタアート」を設立。

1983（昭和58）1月、前年12月に三波伸介が急逝し、『笑点』の司会者は五代目三遊亭圓楽に。

3月、はじめて美人画の個展を開く。銀座、ギャラリー中島にて。

1985（昭和60）2月、北京にラーメン店を開く計画を立て、元内閣総理大臣の田中角栄と目白御殿で面談。

翌月に中国に渡り、中日協会などを訪問（ただし天安門事件などあり、出店は実現せず）。

1989（平成元）2月、母・豊田縫子が死去。享年76。

10月、スペイン・バルセロナのタウマニア通りにラーメン店「カサ・デ・ボスケ・キク」を出店。

1992（平成4）	社団法人落語協会理事に就任。
1995（平成7）	長男の宏寿が入門。林家きくおを名乗る。
2000（平成12）	4月、初期の胃がんが発見され、翌月手術で切除。
2006（平成18）	三遊亭圓楽（五代目）が『笑点』司会者を勇退。桂歌丸が司会者に。
2007（平成19）	9月、69歳のときに親子でW襲名。木久蔵を改め初代林家木久扇を名乗る。息子のきくおは二代目木久蔵を襲名。都内の各寄席、全国82カ所の落語会で披露。
2010（平成22）	高座生活50年。4月27日～29日の3日間、記念の「おめでとう！木久扇寄席」を開催。 同年、落語協会の理事職を退き、相談役に就任。
2012（平成24）	ももいろクローバーZが扮するユニット「桃黒亭一門」のシングル「ニッポン笑顔百景」にボーカルとして参加。
2014（平成26）	7月、耳鼻咽喉科の検査で喉頭がんが発見され、放射線で治療。『笑点』を9週間休むも、治療の甲斐あって快癒した。
2015（平成27）	7月、体調不良の桂歌丸に代わり、『笑点』の司会を担当。座布団乱発のカオス状態になり、〝神回〟と伝説に。

2016（平成28）	4月、バンド「木久ちゃんロケッツ」（林家木久扇、木久蔵、コタ、クミ、鈴木康博）を結成。シングルCD「空とぶプリンプリン」をリリース。NHK『みんなのうた』で長期オンエア。 5月、桂歌丸が『笑点』司会者を勇退。春風亭昇太が司会者に。 12月、2枚組落語CD『林家木久扇　ザ・スーパースター』をリリース。落語6席を収録。
2018（平成30）	5月、浅草公会堂で「林家木久扇 傘寿記念落語会」を開催。木久扇、木久蔵、コタ（孫）による親子三代口上のほか、春風亭小朝、一之輔らが出演。
2019（令和元）	11月10日、『笑点』で木久扇番組出演50年を特集。記念口上が放送されたほか、大喜利の題も木久扇にちなんだものに。
2020（令和2）	1月、BS日テレで『BS笑点ドラマスペシャル　初代林家木久蔵』が放送。柄本時生主演で、木久扇の一代記をドラマ化。

林家木久扇（はやしや　きくおう）

1937（昭和12）年、東京日本橋生まれ。落語家、漫画家。56年、都立中野工業高等学校卒業後、漫画家・清水崑へ弟子入り。60年、三代目桂三木助に入門。翌年、三木助没後に八代目林家正蔵門下へ移り、芸名林家木久蔵となる。69年、日本テレビ『笑点』のレギュラーメンバーとなる。82年、横山やすしらと「全国ラーメン党」を結成。92年、落語協会理事に就任。2007年、林家木久扇・二代目木久蔵の親子ダブル襲名を行う。10年、落語協会の理事職を退き、相談役に就任。20年、芸能生活60周年を迎える。著書に『バカの天才まくら集』、『がんに負けるな！　免疫力を上げるポジティブ生活術』（共著）など。『笑点』最年長の“天然キャラ”として、国民的に親しまれている。

文春新書

1261

イライラしたら豆《まめ》を買《か》いなさい

人生《じんせい》のトリセツ88のことば

2020年5月20日　第1刷発行

著　者　林家木久扇
発行者　大松芳男
発行所　株式会社　文藝春秋

〒102-8008　東京都千代田区紀尾井町3-23
電話（03）3265-1211（代表）

印刷所　大日本印刷
製本所　大口製本

定価はカバーに表示してあります。
万一、落丁・乱丁の場合は小社製作部宛お送り下さい。
送料小社負担でお取替え致します。

ISBN978-4-16-661261-1